Notas de Fe

COMPLETADO

Comentario de
COLOSENSES

Dr. Thomas L. Constable

AUTHENTICITY
BOOK HOUSE
Publishing as Ministry

Notas sobre
Colosenses
Edición 2001
Dr. Thomas L. Constable

Traducidas por
Rodosvaldo Rodríguez Torres

AUTHENTICITY
BOOK HOUSE
Publishing as Ministry

Authenticity Book House
c/o Proven Way Ministries
The Hope Center
2001 W. Plano Parkway, Suite 3422
Plano, TX 75075 USA

Introducción

TRASFONDO HISTÓRICO

La ciudad de Colosas yacía en el hermoso valle del Lico unos 1600 kilómetros al este de Éfeso. Había sido un pueblo importante durante la Guerra persa del siglo V a. de J.C. Desde entonces nuevas rutas de comercio habían transportado la mayoría del tráfico a los pueblos cercanos de Laodicea y Hierápolis y había dejado a Colosas como una villa rural[1]. Los habitantes eran mayormente colonos griegos y nativos frigios cuando Pablo escribió esta epístola, aunque también había muchos judíos que vivían en el área. Antíoco el Grande (223-187 a. de J.C.) había reubicado cientos de familias judías desde Mesopotamia a esta región.

> "Sin duda Colosas era la iglesia menos importante entre aquellas a las que San Pablo les dirige una carta"[2].

Las iglesias se habían establecido en Colosas, Laodicea (4:16) y probablemente Hierápolis (4:13). Pablo no había visitado el valle del Lico cuando escribió la epístola (1:4; 2:1), pero había aprendido de la propa-

---

[1] A diferencia de Laodicea y Hierápolis, los arqueólogos nunca han escavado el sitio de Colosas. Ver a James D. G. Dunn, *The Epistles to the Colossians and to Philemon: A Commentary on the Greek Text*, p. 21.
[2] J. B. Lightfoot, *St. Paul's Epistles to the Colossians and to Philemon*, p. 16.

gación del evangelio ahí a través de Epafras (1:8) y probablemente otros[3].

---

[3] Para una historia más completa del judaísmo y la cristiandad en el
valle de Lycus, ver F. F. Bruce, "Colossian Problems", *Bibliotheca
Sacra* 141:561 (enero-marzo, 1984):3-15.

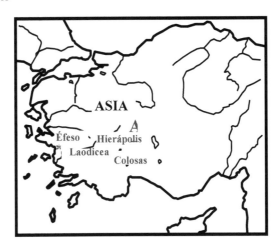

Epafras parece haber sido el fundador o uno de los fundadores de de la iglesia de Colosas (1:7; 4:12, 13). Era un colosense y había instruido a los cristianos ahí (1:7) y probablemente en Laodicea y Hierápolis. Quizá Pablo lo llevó a Cristo, posiblemente en Éfeso (Hechos 19:10). Epafras pudo haber viajado a Roma para encontrarse con Pablo para obtener su ayuda a fin de combatir la influencia de los falsos maestros que estaban predicando en Colosas. Arquipo pudo haber sustituido a Epafras durante su ausencia (4:12; Fil. 2).

La única información que tenemos disponible para reconstruir la herejía que amenazaba a la iglesia viene directamente de las alusiones y los énfasis en esta epístola. Concluimos que los falsos maestros no estaban dándole a la persona y a la obra de Jesucristo una interpretación o un énfasis apropiado. Estaban distorsionado y minimizando estas doctrinas. La falsa enseñanza contenía además un atractivo filosófico, si era oriental o helenístico no podemos estar seguros (2:8). No obstante había un énfasis de un mayor conocimiento del orden cósmico. Había además elementos del ritualismo judío y del tradicionalismo (2:8, 11, 16; 3:11). Sin embargo, contrario al judaísmo ortodoxo, los falsos maestros estaban alentando la veneración a los ángeles quienes, pensaban ellos, controlaban las operaciones de la naturaleza hasta cierto grado (2:18, 19). Había un énfasis en la auto negación ascética (2:20-23) y aparentemente la idea de que sólo los que tenían un conocimiento completo de la verdad como la enseñaban los falsos maestros podían entender y experimentar la madurez espiritual (1:20, 28; 3:11). De estos énfasis se desarrolló más adelante el gnosticismo, aunque en Colosas el énfasis judío era más prominente que en el gnosticismo griego tardío[4]. Es fácil ver cómo tal secta se pudo desarrollar y ganar partidarios en la cultura greco judía del valle del Lico.

"...Dados... varios factores . . ., incluyendo el origen de la iglesia colosense de dentro de los círculos de la sinagoga, la posible presencia del sectarismo israelita dentro de la diáspora, la falta de otra evidencia del sincretismo judío en Asia Menor, y la disposición de algunos judíos para promover sus prácticas religiosas características en una apología de autoconfianza..., no necesitamos mirar más allá de una o más sinagogas judías en Colosas para encontrar la fuente de cualesquiera influencias que se pensaban que influyeran en amenazar a la joven iglesia ahí"[5].

---

[4] Ver Curtis Vaughan, "Colossians", en *Ephesians-Philemon*, vol. 11 del *Expositor's Bible Commentary*, pp. 166-68; Roy Yates, "Colossians and Gnosis", *Journal for the Study of the New Testament* 27 (junio, 1986):49-68; H. Wayne House, "Heresies in the Colossian Church", *Bibliotheca Sacra* 149:593 (enero-marzo, 1992):45-59; y P. T. O'Brien, *Colossians, Philemon*, pp. xxx-xxxviii.

[5] Dunn, p. 34.

El propósito primario de la carta era claramente combatir esta falsa enseñanza. Los dos problemas principales eran la doctrina de Cristo y cómo ésta afectaba la vida cristiana. Los primeros pasajes cristológicos (1:14-23; 2:9-15) presentan a Cristo como absolutamente preeminente y perfectamente adecuado para el cristiano. La vida cristiana, explicaba Pablo, fluye naturalmente de esta revelación. La vida cristiana es realmente la vida del Cristo interno que Dios manifiesta a través del creyente.

Pablo probablemente escribió esta epístola desde Roma hacia mediados o al final de su arresto domiciliario ahí entre el 60 y el 62 a. de J.C. Experimentó confinamiento aunque disfrutó de una considerable libertad por cerca de dos años. Muchos de los compañeros de labor de Pablo estaban con él cuando compuso esta epístola (4:7-14). Esta perspectiva del origen de la carta generalmente se ajusta a los hechos mejor que las teorías cesáreas o efesias del origen.

Hay muchas similitudes entre Efesios y Colosenses. La distinción mayor entre ellas es que en Efesios el énfasis está en la iglesia como el cuerpo de Cristo. En Colosenses el énfasis es en Cristo como la cabeza. Desde el punto de vista del estilo, Colosenses es de cierta manera tensa y abrupta mientras que Efesios es más difusa y fluida. Colosenses tiende a ser más específica, concreta y elíptica mientras que Efesios es más abstracta, didáctica y general. La atmósfera de Colosenses es argumentativa y polémica, pero la de Efesios es serena y tranquila. La primera es una carta de discusión; la última es una carta de reflexión[6]. Evidentemente Pablo escribió ambas cartas alrededor del mismo tiempo. Estas dos

---

[6]Vaughan, p. 169.

epístolas, junto con Filipenses y Filemón, constituyen las Epístolas de la Prisión de Pablo[7].

Propósito

Tres propósitos surgen de los contenidos de la epístola. Pablo quería expresar su interés personal en esta iglesia, la que evidentemente no había visitado. Escribió para advertirles a los colosenses del peligro de regresar a sus antiguas creencias y prácticas. Además refutó la falsa enseñanza que estaba amenazando a esta congregación. La sobresaliente doctrina cristiana con la que esta carta trata es la cristología. El gran propósito de Pablo era el de publicar la supremacía absoluta y la sola suficiencia de Jesucristo.

"La iglesia hoy necesita desesperadamente el mensaje de Colosenses. Vivimos en un tiempo en el que la tolerancia se interpreta como 'una religión es tan buena como otra'. Algunas personas tratan de tomar lo mejor de varios sistemas de religiones y manufacturan su propia religión privada. Para muchas personas, Jesucristo es *uno* de los muchos grandes maestros religiosos, con no más autoridad que ellos. Puede que sea prominente, pero Él no es definitivamente preeminente.

Esta es una época de 'sincretismo'. Las personas están tratando de armonizar y unir diferentes escuelas de

[7]Ver S. Lewis Johnson, Jr., "Studies in the Epistle to the Colossians", *Bibliotheca Sacra* 118:470 (julio-septiembre 1961):239-250, para una breve discusión de asuntos introductorios incluyendo la teología de la epístola.

pensamiento y se aparecen con una religión superior. Nuestras iglesias evangélicas están en peligro de diluir la fe en su intento amoroso de entender las creencias de otros. El misticismo, el legalismo, las religiones orientales, el ascetismo y las filosofías de hombres están avanzando secretamente en las iglesias. No están negando a Cristo, sino que lo están destronando y le están robando su lugar legítimo de preeminencia".[8]

Mensaje[9]

Todo el mensaje de esta epístola encuentra expresión en 2:9-10ª. Las dos declaraciones en esta oración son las grandes declaraciones de la carta a los Colosenses.

La llenura de la divinidad está en Cristo. Este es el hecho eterno que es siempre verdadero. La palabra griega traducida 'divinidad' es (*theotetos*) no aparece en ninguna otra parte del Nuevo Testamento. No significa divinidad. Divinidad es un atributo de Dios. No es suficiente decir que Cristo era divino. En un sentido toda persona es divina. Jesucristo fue deidad. Solo Él posee la única naturaleza de Dios. En Él la plenitud de la deidad esencial habita en manifestación corporal. El apóstol Pablo expuso la plenitud de Cristo en tres respectos en esta epístola.

En relación a la creación Él es el originador y sustentador de todas las cosas (1:16, 17). Esto incluye toda vida.

En relación a la redención Él es el primogénito de los muertos (1:18). La resurrección presupone la

---

[8]Warren W. Wiersbe, *The Bible Exposition Commentary*, 2:105.
[9]Adaptado de G. Campbell Morgan, *Living Messages of the Books of the Bible*, 2:1:206-223.

muerte. La muerte se debe al pecado. Entre la creación y
la resurrección hubo pecado y muerte. En la resurrección Cristo fue el vencedor sobre el pecado, la muerte y
el sepulcro. Él es el amo de la muerte.

En relación con la reconciliación Cristo es el ha-
cedor de la paz (1:19, 20). El resultado de la victoria de
Cristo sobre la muerte es la paz. Él es el reconciliador de
todas las cosas que el pecado ha separado. Su reconciliación afecta a las personas y al mundo creado. En Cristo
vemos toda la plenitud de la deidad: Levantándose
triunfalmente de la muerte, y reconciliando los límites
más lejanos del universo. Ese es el Cristo del cristianismo.

La segunda declaración es que en Cristo Dios
nos hace plenos (2:10a). No sólo es la plenitud de la divinidad en Cristo, sino que la llenura de los santos está
en Cristo también. Pablo explica lo que esto significa.

Primero, esto significa que Dios nos restaura a
nuestro verdadero lugar en la creación en Cristo. Podemos recuperar el cetro y la corona como reyes de la tierra bajo la autoridad de Dios. Dios nos ha enviado a
todo el mundo para dar a conocer a Cristo. Desafortu-
nadamente no siempre nos damos cuenta de nuestra
posición. En lugar de eso escogemos envilecernos en los
montones de basura del mundo. No obstante en este
sentido Dios nos hace completos en Cristo. Entramos
en una nueva relación con toda la creación a través de
Cristo. Dios nos restaura a nuestra divinamente preten-
dida posición en la creación en Él. Somos sus trofeos.

Segundo, Dios nos restaura a nuestra verdadera
relación con Él mismo a través de la resurrección de
Cristo. Dios nos comunica su vida misma a nosotros
para tomar nuestros legítimos lugares al ser sometidos a

Dios. Dios no quiebra nuestra voluntad. Él toma nuestra voluntad por la gracia inherente de la vida de Cristo. Dios nos hace completos en este sentido también. Nosotros somos sus instrumentos.

Tercero, Dios nos restaura a una verdadera comunión con Él mismo en Cristo. No solamente recibimos de Dios, sino que le damos a Dios en el servicio. De esa forma nuestra comunión es recíproca. Somos sus socios.

Experimentamos la llenura en Cristo porque en Él Dios nos restaura a nuestro verdadero lugar en la creación, a nuestra relación hacia Él y a nuestra verdadera relación con Él. Esta restauración nos permite cooperar con Dios en sus propósitos. No solamente somos trofeos de su gracia sino sus instrumentos y aun sus socios en nuestra generación. En vista de esta revelación Pablo hizo una triple súplica. La primera súplica es una advertencia en contra de una falsa filosofía (2:8). Pablo describió esta falsa filosofía de dos formas.

Es la tradición de los hombres la que es esencialmente especulación. En este contexto Pablo se refirió a la adivinación humana que deja a Dios fuera de su universo.

Son además los rudimentos del mundo. Esta filosofía es rudimentaria porque trata de explicarlo todo dentro de los límites de lo material. La parte material de la vida es rudimentaria.

Corregimos esta falsa filosofía reconociendo que Jesucristo es la solución al problema del universo. Cuando nos damos cuenta de que Jesucristo es el primogénito (primero en rango y soberanía, no en secuencia temporal) entonces obtenemos una verdadera perspectiva del universo. Él es el gran agente cohesivo en el universo.

La segunda advertencia de Pablo es en contra de la falsa meditación (2:16-18).

Pablo apuntó que ceremonias tales como la observancia de ciertas clases de alimentos y festivales son solo sombras. No debemos pensar que al observar estas ceremonias mejorará nuestra relación con Dios. Tenemos a Jesucristo que es la sustancia a la que estas ceremonias apuntaban.

Otra clase de falsa meditación involucra la adoración a ángeles. No tenemos nada que ver con esta práctica porque tenemos acceso directo a Jesucristo. Él es el Creador y Dueño de todas las criaturas incluyendo a los ángeles.

Para resumir, no debemos permitir que ceremonias religiosas o mediadores creados estén entre nosotros y Cristo.

La tercera advertencia de Pablo es en contra de falsas confianzas (2:20-23).

Nuestro enemigo puede tentarnos a tener confianza en las opiniones de otros. Cuando los falsos maestros dicen, "No manejes, ni gustes, ni aun toques", podemos pensar que esas declaraciones son autorizadas. Pablo nos insta a no seguir tales opiniones sino obtener nuestra dirección del Señor Jesús.

Nuestro enemigo nos puede tentar en poner la confianza en las prácticas ascéticas y la auto aflicción. Pablo nos dice que olvidemos estas cosas y pongamos nuestro pensamiento en las cosas de Cristo antes que en nosotros mismos.

Cuando tengamos una perspectiva verdadera de Jesucristo, Él será el foco de nuestro pensamiento. Esa perspectiva nos librará del dominio de la carne. Necesitamos basar nuestra confianza en la Palabra de Dios antes que en tradiciones humanas que no reflejan la revelación bíblica acertadamente.

El asunto de suprema importancia para la iglesia es su doctrina de Cristo. Nuestra vida y servicio cristianos fluirán de nuestra doctrina de Cristo. Somos lo que pensamos. "Porque cual es su pensamiento en su corazón, tal es él". No solamente Cristo debe ocupar el lugar en nuestra vida, sino que nuestro entendimiento debe ser exacto. Podemos evitar todos los errores de los que Pablo nos alerta en esta epístola manteniendo una adecuada perspectiva de Cristo.

Bosquejo

I.   Introducción 1:1-14

A. Saludo 1:1, 2
B. Acción de gracias 1:3-8
C. Oración 1:9-14

II.   Explicación de la persona y la obra de Cristo 1:15-29

A. La preeminente persona de Cristo 1:15-20

1. En relación a Dios Padre 1:15a
2. En relación a toda la creación 1:15b-17
3. En relación a la iglesia 1:18-20

B. La obra reconciliadora de Cristo 1:21-29

    1. Como la experimentaron los colosenses
       1:21-23
    2. Como la ministró Pablo 1:24-29

III.   Advertencias en contra de las filosofías
      de los hombres c. 2

A. Exhortación a perseverar en la verdad 2:1-7

    1. La preocupación de Pablo 2:1-5
    2. La exhortación de Pablo 2:6, 7

B. La verdadera doctrina de Cristo 2:8-15
C. Las falsas doctrinas de los hombres 2:16-23

IV.   Exhortaciones a la vida cristiana práctica
      3:1—4:6

A. El principio básico 3:1-4
B. El método apropiado 3:5-17

    1. Cosas que aplazar 3:5-11
    2. Cosas que ponerse 3:12-17

C. Las relaciones fundamentales 3:18—4:1

    1. Esposas y esposos 3:18, 19
    2. Hijos y padres 3:20, 21
    3. Esclavos y amos 3:22—4:1

D. La práctica esencial 4:2-6

V.   Conclusión 4:7-18

A. Los portadores de esta epístola 4:7-9
B. Saludos de los compañeros de Pablo 4:10-14
C. Saludos a otros 4:15-17
D. Conclusión personal de Pablo 4:18

Exposición

I. INTRODUCCIÓN 1:1-8

A. Saludo 1:1, 2

Pablo comenzó su carta con este saludo para presentarse a los lectores y desear la bendición de Dios sobre ellos.

1:1

Pablo citó su llamado apostólico y oficio para darle autoridad a lo que sigue. "Pablo" fue el nombre que el apóstol usó de sí mismo en el mundo romano-helenístico en lugar de su nombre judío "Saulo".

"Los judíos en las áreas de habla griega tomaban nombres que se aproximaban estrechamente al sonido de sus nombres hebreos y arameos, p. ej., Silas: Silvano; Jesús: Jasón"[10].

Timoteo no era un apóstol oficial sino sencillamente un hermano cristiano. Estaba con Pablo cuado escribió esta carta, aunque no es coautor (cf. 1:23-25, 29; 4:18, et al.).[11] Pablo se asoció con él en las introducciones a 2 Corintios, Filipenses, 1 y 2 Tesalonicenses y a 1 y

---

[10]O'Brien, p. 2. Cf. Adolph Deissmann, *Bible Studies*, pp. 314, 315

[11]Dunn, pp. 35-39, argumentó por algunas características de Colosenses que difiere de otros escritos de Pablo que Timoteo escribió esta epístola habiendo recibido un bosquejo del pensamiento de Pablo del apóstol. Otros eruditos modernos mantienen un punto de vista similar.

2 Timoteo y Filemón. Además menciona a Timoteo en Romanos,   1   Corintios   y   1   y   2

Timoteo. El autor de la epístola a los Hebreos también menciona a Timoteo.

1:2

Los colosenses creyentes eran "santos" (gr. *hagios*, apartados para Dios) en su posición y "fieles hermanos" (gr. *pistis adelphois*) en su práctica. Vivían en Colosas, una ciudad al lado del río Licos en el valle del Licos en el distrito geográfico llamado Frigia. Este distrito yacía en la provincia romana de Asia al oeste de Asia Menor (la moderna Turquía). Colosas estaba a unos 160 km al este de Éfeso, unos 18 km al este de Laodicea y como 21 km al sureste de Hierápolis.

La "gracia" (gr. *charis*) de Dios es el favor inmerecido y poder sobrenatural. Esta palabra es muy prominente en el Nuevo Testamento y aparece alrededor de 155 veces, mayormente en los escritos de Pablo. La "paz" de Dios es la confianza interna que Él da.

> "En general, las cartas del Nuevo Testamento comienzan como una carta secular del tiempo. La fórmula usada frecuentemente era 'A a B, saludos' (cf. Hechos 23:26; 15:23-29). Hay, sin embargo, algunas diferencias significativas. En primer lugar, los saludos cristianos dirigen inmediatamente el pensamiento de los lectores a la obra de Dios en nombre de los hombres. (cf. Col. 1:1, 2). En segundo lugar, los saludos frecuentemente preparan la carta por la alusión a sus temas principales. (cf. Rom. 1:1; 1 Cor. 1:2)".[12]

---

[12]Johnson, 473:335.

B. Acciones de gracias 1:3-8

Con frecuencia, Pablo le daba gracias a Dios por sus lectores. Hacía eso para que ellos pudieran apreciar el hecho de que él sabía de su situación y se regocijaba de su buen testimonio.

1:3, 4
Cada vez que Pablo y Timoteo oraban por los colosenses, le daban gracias a Dios por ellos[13].

> "Pablo pudo haber tratado de decir que cada vez que oraba recordaba las diferentes iglesias. Quizá mantenía la práctica judía de orar tres veces al día (cf. Dn. 6:11; Hechos 3:1; *Didache* 8:3), o quizá usaba las largas horas de viaje y de trabajo para preparar y sostener las iglesias ante Dios. (Ver además 1:9 y 4:2)"[14].

Específicamente, Pablo y Timoteo se regocijaban en la continua demostración de la confianza de ellos con la aceptación inicial de Cristo como su Salvador[15]. Además los colosenses manifestaban un amor de auto sacrificio por otros cristianos.

1:5, 6
Tercero, Pablo da gracias por la esperanza de las bendiciones venideras que sus lectores ya poseían pero que no habían experimentado todavía. Ellos demostraban su esperanza en su vida por la manifestación de su fe pre-

---

[13]Note las muchas referencias a las acciones de gracias en esta carta (1:3, 12; 2:7; 3:15, 16, 17; 4:2).
[14]Dunn, p. 56.
[15]Esto es claro por la preposición griega *en*, traducida "en".

sente (v. 4) y su amor (v. 8). Los colosenses habían oído de esta esperanza cuando oyeron el evangelio que se les predicó. Pablo les recordó a sus lectores que el evangelio no había venido a ellos exclusivamente sino que se estaba expandiendo a través del mundo entero. Pablo pudo haber tenido la intención de contrastar el evangelio con el mensaje exclusivo de los falsos maestros en Colosas que estaban tratando que los cristianos adoptaran. Posteriormente Pablo glorificó el mensaje del evangelio refiriéndose a su poder dinámico para cambiar vidas y a su contenido único de gracia (v. 6).

1:7, 8

Epafras había evangelizado a los colosenses[16]. Desde entonces había ido a Roma y ahora estaba ministrando al apóstol durante su primer encarcelamiento. Parece que la esclavitud de Epafras estaba en Dios, no en la cárcel, con Pablo, (cf. Fil. 23). Le había dado a Pablo un buen reporte de los cristianos colosenses aunque los falsos maestros estaban tratando de invadir la iglesia. Pablo lo menciona aquí para pasar a alguna buena palabra acerca de su padre en la fe y asociar a Epafras con él. Probablemente hizo esto para que sus lectores se dieran cuenta de que el fundador de la iglesia compartía los puntos de vista que Pablo presentaba en esta carta. Esto los hubiera hecho más convincentes a los colosenses.

El Espíritu Santo había creado amor por Pablo en los colosenses.[17]

---

[16] "Epafras" es una forma corta de "Epafrodito". Es poco probable que este Epafras sea el mismo hombre al que Pablo se refirió como Epafrodito en Filipenses 2:25 y 4:18 ya que Epafras era de Asia Menor y ese Epafras era de Macedonia.

[17]Esta es la única referencia al Espíritu Santo en esta epístola. En Colosenses Pablo atribuyó las actividades de Dios que normalmente asociaba con el Espíritu Santo a Cristo. Probablemente

"Como en otras cartas paulinas, los te-
mas y el lenguaje de acción de gracias
hacen eco en el resto de la carta. . ."[18].

C. Oración 1:9-14

Pablo les dijo a sus lectores que oraba por su máxima
percepción y su más profundo entendimiento de la voluntad de Dios para ellos y para todos los creyentes. Lo
hizo para que pudieran glorificar a Dios en su conducta.
Les dijo esto para recordarles que su entendimiento debe venir a través de la obra del Espíritu de Dios en ellos
y que el correcto entendimiento es fundamental para un
comportamiento correcto.

1:9
En vista de la confianza de los colosenses en Cristo, Pablo y sus compañeros habían estado orando consistentemente por ellos. Habían orado por acciones de gracias
y por peticiones desde que habían oído de la recepción
de la palabra por los colosenses y de su consecuente
amor, el que el Espíritu Santo produjo en ellos. Específicamente pidieron que Dios les diera un conocimiento
pleno y exacto de todos sus deseos para ellos. La palabra griega traducida como "conocimiento" es *epignosis*.
Esta palabra puede significar conocimiento pleno o co-

---

hizo esto para glorificar a Jesucristo ante los colosenses a los que
se les estaba enseñando que Cristo era menor de lo que era.
[18]Dunn, p. 55. Cf. P. T. O'Brien, *Introductory Thanksgivings in
the Letters of Paul*, p. 69; T. Y. Mullins, "Las acciones de gracias
de Filemón y Colosenses", *New Testament Studies* 30
(1984):291. Dunn pudo escribir que esta era una carta paulina,
aunque creía que Timoteo era el escritor porque creía que Timoteo interpretaba la teología de Pablo y que Pablo era la principal
influencia de Timoteo en sus escritos.

nocimiento más preciso[19]. Probablemente Pablo oró por mayor conocimiento en ambos sentidos. Esta palabra siempre describe un conocimiento religioso y moral en el Nuevo Testamento. Especialmente se refiere al conocimiento pleno y comprensible que descansa en el conocimiento de Dios y de Cristo[20]. *Gnosis* ("conocimiento") era un término favorito de los filósofos gnósticos, y sin duda Pablo los tenía en mente cuando oró por *epignosis* para sus lectores.

La "voluntad" (*thelematos*) de Dios que ha revelado en su Palabra es lo correcto con respecto a la creencia (fe) y comportamiento (obras, moral; cf. 4:12; Hechos 22:14; Ro. 12:2). En el sentido más amplio, la voluntad de Dios es el propósito íntegro de Dios revelado en Cristo[21].

"Para un teísta que cree que el propósito activo de Dios determina el orden del mundo, se encuentra detrás de los acontecimientos de la tierra, y moldea sus consecuencias, uno de los objetivos más deseables debe ser conocer la voluntad de Dios"[22].

Este conocimiento incluía la sabiduría (el término más amplio que cubre todo el rango de las facultades mentales) y la comprensión (cómo aplicar la sabiduría en casos específicos).

---

[19]Lightfoot, p. 136; J. Armitage Robinson, *St. Paul's Epistle to the Ephesians*, pp. 248-254.

[20]Cf. Lightfoot, p. 138.

[21]Vaughan, p. 177.

[22]Dunn, p. 69.

"'la sabiduría' y 'la comprensión' probablemente no se deben tratar separadamente sino que se deben ver como que expresan un solo pensamiento, algo como sabiduría práctica o discernimiento claro"[23].

Esta comprensión vendría a ellos sólo por la iluminación del Espíritu Santo ("sabiduría santa"). Los falsos maestros en Colosas estaban evidentemente promoviendo lo que ellos llamaban un conocimiento más profundo accesible sólo a unos pocos privilegiados.

"Los falsos maestros les prometían a los creyentes colosenses que ellos estarían en "el saber" si aceptaban las nuevas doctrinas. Palabras como *conocimiento, sabiduría* y *comprensión espiritual* eran parte de su vocabulario religioso; así que Pablo las usa en su oración"[24].

"El verdadero antídoto a la herejía es un conocimiento más profundo y rico de la verdad en lo concerniente a Jesucristo"[25].

1:10-12[a]

La meta de la comprensión plena de la voluntad de Dios era que los colosenses fueran capaces de vivir un día a la vez de una manera que glorificaran y agradaran a su Señor.[26] "Agradar" (Gr. *aresko*) se refiere a una actitud que anticipa todo deseo.

---

[23]Vaughan, p. 177. Esta interpretación toma las palabras como una hendiadis.
[24]Wiersbe, 2:110.
[25]Johnson, 472:341.
[26]La metáfora "caminar" que significa la conducta en el progreso de la vida, tiene su origen en la cultura judía antes que en la griega. El verbo hebreo *halak*, traducido "caminar", dio origen al

"En mi ministerio pastoral, he conocido a personas que se han embriagado con 'el estudio de verdades más profundas de la Biblia'. Por lo general, se les ha dado un libro o se les han presentado las grabaciones de un maestro. ¡Antes de mucho se vuelven tan listos que llegan a convertirse en tontos! Las 'verdades profundas' que descubren sólo los desvían de la vida cristiana práctica. En lugar de adquirir corazones ardientes de devoción para Cristo (Lucas 24:32), adquieren cabezas grandes en sus hogares e iglesias. Todas las verdades de la Biblia son prácticas, no teóricas. Si crecemos en conocimiento, debemos crecer en gracia también. (2 Pedro 3:18)"[27].

Cuatro características (cada una un participio presente) marcan esta excursión (un aoristo infinitivo en el texto griego, vv. 10-12). Primero incluye el llevar continuamente fruto en el carácter y la conducta en toda clase de buena obra (cf. Gá. 5:22, 23). Segundo, incluye el crecimiento. La idea de Pablo era que el cristiano pudiera continuar en su conocimiento de la voluntad de Dios revelada en la Escritura. Y así lo hace, no sólo lleva fruto sino que crece en su habilidad de llevar fruto, como lo hace un árbol.

"Lo que la lluvia y el sol son para la nutrición de las plantas, el conocimiento de

---

término técnico "halakhah", que denota las reglas rabínicas sobre cómo los judíos debían interpretar la ley en sus vidas diarias. Ver Dunn, p. 71.

[27]Wiersbe, 2:111.

Dios es para el crecimiento y madura-
ción de la vida espiritual" [28]

Tercero, incluye adquirir fuerzas manifestado
con determinación (resistencia bajo la prueba, "la capa-
cidad de ver las cosas completamente"[29]), paciencia
(templanza paciente) y gozo (cf. Fil. 4:13; 2 Ti. 2:1).
Cuarto, incluye expresar gratitud a Dios consistentemente.

> "Hay una clase de paciencia que 'soporta
> pero no se goza'. Pablo ora para que los
> cristianos colosenses puedan experimen-
> tar la paciencia gozosa y la templan-
> za)"[30].

Tres causas para una gratitud con aprecio siguen
en los versículos 12b, 13.

1:12b, 13

Dios califica al creyente por su gracia (la gracia de Dios).
Él nos hace herederos de una herencia (cf. 1 P. 1:4)[31].
La calificación para recibir una herencia se llevó a cabo
en la conversión, aunque la posesión real de la heredad
es futura. Segundo, Él nos libra del dominio de Satanás
(v. 13a). Esto, también se llevó a cabo en la conversión
pero será más evidente en el futuro. Tercero, Él nos
transfirió al reino de Cristo (v. 13b). El verbo transfirió
(*metestesen*) describía el reacomodo de grandes grupos de
personas tales como las capturadas por el enemigo o de

---

[28]Vaughan, p. 178. Cf. 2 Pet. 3:18.
[29]F. W. Beare, *The Epistle to the Colossians*, p. 158.
[30]Wiersbe, 2:113.
[31]Ver a John A. Witmer, "The Man with Two Countries", *Biblio-theca Sacra* 113:532 (octubre-dicembre, 1976):338-349.

colonialistas de un país a otro[32]. Este reinado es probablemente una referencia al reino milenial de Cristo más que a una esfera del gobierno de Dios[33]. Pablo lo esbozó aquí (vv. 12, 13) como un reinado de luz contrario al dominio de Satanás de la oscuridad[34]. El apóstol probablemente usó estas figuras porque los falsos maestros en Colosas parece que habían estado promoviendo una forma de agnosticismo que se convirtió en muy influyente en el siglo II. El gnosticismo hizo mucho uso del contraste luz/oscuridad en su sistema filosófico[35].

1:14

Quizá Pablo explicó la redención porque los falsos maestros estaban redefiniendo el término también. La redención es un beneficio de la unión con Cristo (v. 13b). "La emancipación" expresa este aspecto de la obra de Cristo por nosotros.

> "La redención [*apolutrosis,* redimir] necesitada por los hombres no es una redención del destino por eones gnósticos; es una redención del pecado por un Mediador divino-humano".[36]

---

[32]Johnson, 472:344.

[33]Ver a Robert L. Saucy, *The Case for Progressive Dispensationalism*, pp. 107-10.

[34]Ver "The Presence of the Kingdom and the Life of the Church", *Bibliotheca Sacra* 145:577 (enero-marzo, 1988):42, 43; Charles A. Bigg, *The Messiah of the Apostles*, pp. 211, 212.

[35]"La oscuridad" es también una figura prominente en el simbolismo bíblico donde se representa la ignorancia, la falsedad y el pecado. (cf. Juan 3:19; Ro. 13:12; et al.). Era además común en el material del Qumran (1QS 1:9; 2:5, 16; 11:7, 8; 1QM 1:1, 5, 11; 4:2; 13:2; 1QH 11:11, 12).

[36]Johnson, 472:345.

"La redención y el perdón no son exactamente conceptos paralelos o idénticos, pero al poner los dos términos en aposición a cada uno, el apóstol enseña que el rasgo principal de la redención es el perdón del pecado"[37].

Este parte de la Escritura representa un retrato del crecimiento cristiano que es la voluntad de Dios para todo creyente. Pablo alude al mismo concepto más adelante (2:7). El cristiano crece más como un árbol frutal que como un tallo de trigo. Nosotros no damos frutos nada más y entonces morimos; continuamos creciendo en el conocimiento de Dios. Cada año que pasa vemos el crecimiento en la vida del cristiano y un incremento en su productividad.

II. Explicación de la Persona y la Obra de Cristo 1:15-29

Seguidamente Pablo procedió a reiterar el "pleno conocimiento" acerca de Cristo, el que los falsos maestros estaban atacando en Colosas. Lo hizo para darles a sus lectores un conocimiento más completo del conocimiento de la voluntad de Dios para que rechazaran la falsa enseñanza de los que estaban rebajando a Cristo.

"La doctrina de Cristo era la principal verdad amenazada por los falsos maestros en Colosas, y esta es una doctrina que Pablo presenta a sus lectores antes

---

[37]Vaughan, p. 180. El perdón del pecado es un tema importante en esta epístola (cf. 2:13; 3:13).

de tratar específicamente con la falsa enseñanza"[38].

A. La preeminente persona de Cristo 1:15-20

En esta segunda sección Pablo reveló en qué sentidos Cristo es preeminente. Un escritor observó que este pasaje "representa una concepción más elevada de la persona de Cristo de la que se encuentra en cualquiera otra parte en los escritos de Pablo"[39]. Pablo describió a Jesucristo en tres relaciones: en relación con la deidad, en relación con la creación y en relación con la iglesia[40].

En relación con Dios Padre 1:15a

El concepto de "imagen" involucra tres cosas: Semejanza (Cristo es la exacta semejanza de Dios, un reflejo exacto [cf. He. 1:3]), la representación de Cristo (Cristo nos representa a Dios) y la manifestación (Cristo nos da a conocer a Dios [cf. John 1:18])[41]. Dios hizo al hombre a su imagen (Gen. 1:27); Cristo es la imagen de Dios (cf. John 1:18; 14:8, 9; 2 Cor. 4:4).

> La palabra griega traducida 'imagen (*eikon*), ". . . no implica una copia débil o endeble de algo. Implica la iluminación de su núcleo interno y su esencia"[42].

---

[38]Bruce, 562:99.
[39]E. F. Scott, *The Epistles of Paul to the Colossians, to Philemon and to the Ephesians*, p. 20.
[40]Algunos escritores, p. ej., Dunn, pp. 85, 86, entendieron este pasaje como un himno cristiano antiguo.
[41]Lightfoot, pp. 143, 144; Vaughan, p. 182.
[42]*Theological Dictionary of the New Testament*, s.v. "The Greek use of *eikon*", by Hermann Kleinknecht, 2:389.

"Llamar a Cristo la imagen de Dios es decir que en Él el ser y la naturaleza de Dios se han manifestado perfectamente—que en Él lo invisible se ha hecho visible"[43].

En relación con toda la creación 1:15b-17

"Primogénito" (gr. *prototokos*) puede denotar supremacía en tiempo o en rango (cf. v. 18; Éx. 4:22; Sal. 89:27; Ro. 8:29; He. 1:6; Ap. 1:15). Además puede denotar ambas cualidades. Ambas parecen estar en perspectiva aquí. Cristo fue antes de toda creación en el tiempo, y Él está sobre toda creación en autoridad. En vista del contexto (vv. 16-20), el principal énfasis parece estar en su soberanía, no obstante[44]. Lo que "primogénito *no* significa es que Cristo fue el primer ser creado, lo que enseñan los testigos de Jehová. Esto está claro porque los versículos 16-18 declaran que Cristo existió antes de todas las cosas y es el mismo Creador. Otros pasajes también afirman su responsabilidad por la creación (cf. Juan 1:3; 3:16; Ro. 8:29; He. 1:6; 11:28; 12:23)[45].

Cristo es el *originador* de la creación ("en Él" v. 16a). Todas las cosas—en todo lugar, de todo tipo y todo rango— se originaron con Él. Dios medió la vida del universo entero a través de su Hijo (cf. John 1:3, 10). Él es el arquitecto de la creación. Pablo enumeró varios rangos de seres angélicos, particularmente gobernantes y autoridades. Pudo haber estado utilizando la terminología de los falsos maestros que enseñaban muchas gradaciones dentro de la esfera angélica[46]. O esta graduación

---

[43]Bruce, 562:101.
[44]O'Brien, *Colossians . . .*, p. 44.
[45]En Juan 3:16 la palabra "unigénito" (gr. *monogenes*) significa el único de su clase, no "el primer creado" (*protoktiskos*).
[46]Vaughan, p. 182.

sí existe realmente. En el gnosticismo, y en su primitivo desarrollo en Colosas, los ángeles recibían veneración dependiendo de su presunto rango. Probablemente los rangos de los poderes celestiales están en perspectiva aquí (v. 16)[47]. De esa manera Pablo afirmó que Cristo es superior a todos los seres angelicales (cf. He. 1:1-14).

> "Si se pregunta si las fuerzas espirituales que Cristo conquistó en la cruz se deben considerar como personales o impersonales, la respuesta es probablemente 'ambas'. Cualesquiera fuerzas que haya, de cualquier clase, que mantienen al alma humana en cautiverio, Cristo ha mostrado ser su dueño, y los que están unidos a Él por la fe no necesitan tener ningún miedo de ellas"[48].

Cristo es el *agente* de la creación (por medio de Él", v. 16b). Él completó la creación (cf. Juan 1:3; He. 1:2). Él es el artífice de la creación.

Cristo es la *meta* de la creación ("para Él", v. 16b). La historia se está moviendo hacia una meta cuando toda el universo creado glorificará a Cristo (cf. 1 Co. 15:25; Fil. 2:10, 11; Ap. 19:16)[49].

> "Varios pasos se involucran en la creación de un edificio sustancial. Primero se agencia del arquitecto para que diseñe y prepare los planes y las especificaciones de acuerdo con los deseos expresados por su dueño. Entonces los planes se

---

[47]Dunn, p. 92.
[48]Bruce, 564:299.
[49]Ver Handley C. G. Moule, *Colossian Studies*, p. 78.

someten a la oferta de los constructores o de los contratistas, y se asegura un constructor. Después de la terminación del edificio, el dueño lo ocupa y se dedica a su uso proyectado. Nuestro Señor no es solamente el constructor del universo; Él es además el arquitecto y el dueño. Todas las cosas han sido creadas *en Él* (el plan eterno para la creación mora en Él), *por Él* (Él actuó como el constructor), y *para Él* (La creación le pertenece a Él y debe reflejar su gloria"[50].

"Por siglos, los filósofos griegos habían enseñado que todo necesitaba una causa primera, una causa instrumental y una causa final. La causa primera es el plan, la causa instrumental el poder, y la causa final el propósito. En cuanto a la creación, Cristo Jesús es la causa primera (Él lo planeó), la causa instrumental (Él lo produjo), y la causa final (Él lo hizo para su propio deleite)"[51].

Pablo usó el verbo "creó" dos veces en el versículo 16. El primer ejemplo está en el aoristo griego y se refiere a la creación como un acto. En el segundo está en el tiempo perfecto del griego describiendo "...el universo que aún se mantiene como el monumento y la prueba de su poder creativo"[52].

---

[50]Johnson, 473:15.
[51]Wiersbe, 2:116.
[52]John Eadie, *Commentary on the Epistle of Paul to the Colossians*, p. 56.

Cristo es el antecedente de la creación ("antes de todas las cosas", v. 17a). Esta declaración claramente separa a Cristo de toda entidad creada. "Él" tiene la fuerza de Él y "de ningún otro" en el texto griego. La palabra es un pronombre intensivo. Él es ante todo en cuanto a tiempo (preexistente) y autoridad (soberano). Cristo es el *antecedente* de la creación ("antes de todas las cosas", v. 17a)[53]. Esta aserción, combinada con la anterior de que Él es el primogénito de toda creación (v. 15b), prueba que Cristo no es una criatura. Si lo fuera, Él se tenía que haber creado. Para hacer eso Él tenía que haber existido antes de que Él existiera, lo que es absurdo e imposible.

> "La frase 'antes de todas las cosas' resume la esencia de su designación como el 'Primogénito de toda la creación' y excluye cualquier posibilidad de interpretar y que la designación signifique que Él mismo es parte del orden creado (a pesar de ser la primera y principal parte)"[54].

Cristo es quien sostiene la creación ("permanecen", v. 17b). Cristo es la persona que preserva y mantiene la existencia de lo que Él ha creado.

> "Él es el principio de la cohesión del universo. Él imprime sobre la creación esa unidad y solidaridad que hacen que sea un mundo en lugar de ser un caos"[55].

---

[53]C. F. D. Moule, *An Idiom-Book of New Testament Greek*, p. 74.
[54]Bruce, 562:104.
[55]Lightfoot, p. 154.

"Así que el pensamiento pasa de creación a preservación"[56].

El versículo 17 resume el pensamiento de los
versículos 15, 16 y completa la declaración de Cristo en
relación con la creación.

En relación con la iglesia 1:18-20

Hasta este momento todo lo que Pablo había escrito
sobre Cristo otros escritores del Nuevo Testamento
también lo revelaron, pero lo que sigue es únicamente
paulino.

En 1 Corintios 12:12-31 y Romanos 12:4-8 Pablo usó el cuerpo humano para ilustrar la unidad y di-
versidad presentes en la iglesia. Aquí él lo usó para ilustrar la soberanía de Cristo sobre los cristianos (cf. Ef.
4:11-13). Nuestro Señor proporciona autoridad y dirección para su cuerpo[57].

1:18
El término "cabeza" (gr. *kephale*) aquí no apunta a Cristo
como legislador de la iglesia sino el ser el comienzo y el
principio en la creación y en la redención[58].

"En días de San Pablo de acuerdo con la
psicología popular, griega hebrea, el
hombre razonaba y decidía 'no con su
cabeza' sino 'en su corazón'..."[59].

[56]Johnson, 473:16.
[57]See O'Brien, *Colossians* . . ., pp. 57-61, para una discusión del
término *ekklesia* ("iglesia") en Colosenses y Filemón.
[58]Stephen Bedale, "The Meaning of *kephale* in the Pauline Epistles", *Journal of Theological Studies* NS5 (1954):213.
[59]Ibid., p. 212.

Él es soberano porque Él es el primogénito de los muertos. Cristo es el "comienzo" de la iglesia en la que Él es el poder y la fuente de la vida espiritual. Él se convirtió en esto en su resurrección cuando llegó a ser el primero de los muertos en el tiempo. Cristo fue la primera persona que se levantó de los muertos con un cuerpo glorificado para nunca morir de nuevo. Quebrantó el control sobre la humanidad (1 Cor. 15:20, 23). De esa manera Cristo se convirtió en preeminente también en la nueva creación, la iglesia, como en la vieja creación (vv. 16, 17).

> "Pablo no dijo que Jesús fue la primera persona que se levantó de los muertos, porque no lo fue. Sino que es el más importante de todos los que se han levantado de los muertos; porque sin su resurrección, no podría haber resurrección para otros. (1 Cor. 15:20ss.)"[60].

> "*Prototokos* ["primogénito"], usada en ambas partes del pasaje (vv. 15, 18) une su supremacía en los dos dominios, la creación y la salvación. (cf. Hch. 26:23)"[61].

1:19

La razón de su preeminencia en la nueva creación es la obra de la reconciliación del Hijo (v. 20). Los versículos 19-23 dan la razón por la que Pablo pudo decir lo que había acabado de hacer acerca de la supremacía de Cristo.

---

[60]Wiersbe, 2:117.

[61]Johnson, 473:18. Cf. Rom. 1:4; 8:29; 1 Cor. 15:20.

Más adelante en la literatura gnóstica la "plenitud" (gr. *pleroma*) se refirió a las series completas de las emanaciones angélicas que supuestamente mediaban entre Dios y la humanidad[62]. Aquí Pablo usó esta palabra de la totalidad de la gracia salvífica y el poder de Cristo (cf. Hechos 5:31, 17:31). Su argumento era que todo poder divino reside en Cristo como resultado de su resurrección (v. 18) y no hay otros agentes mediadores (cf. 2:9; Ef. 1:23; 3:19; 4:13; 1 Ti. 2:5).

> "... La importancia del lenguaje es indicar que la plenitud de la auto revelación de Dios se enfocaba en Cristo; que la totalidad de la interacción de Dios con el universo se resume en Cristo"[63].

La palabra traducida "habitar" significa habitar permanentemente. Esto contradice la idea de que Cristo poseyó el poder divino sólo temporalmente, lo que enseñan los maestros de la ciencia cristiana. En resumen, "plenitud" aquí probablemente se refiere al poder oficial de Cristo dado a Él después de su resurrección en lugar de referirse a su poder esencial que siempre fue suyo por virtud de su deidad.

1:20
El propósito último de Dios en todo esto era reconciliar todas las cosas para Él. La cruz hizo posible la reconciliación. Ahora depende de la gente aceptar la provisión de Dios y "ser reconciliados" con Dios en Cristo (2 Cor. 5:20).

> "La implicación es que el propósito, el medio y la manera (final) de la reconci-

---

[62]Lightfoot, pp. 255-71.
[63]Dunn, p. 101.

liación ya han sido expresados por Dios, no que la reconciliación ya esté completa"[64].

"...Pablo nunca mira la reconciliación como una concesión mutua después de la hostilidad mutua. La reconciliación es hacia el hombre, no hacia Dios, en su dirección. Es Dios reconciliando al hombre 'consigo' (v. 20). Dios nunca ha tenido necesidad de ser reconciliado con el hombre, siempre ha amado al hombre. Es fácil ver la importancia de mantener puntos de vista correctos aquí, ya que nuestra actitud para con la obra de Cristo y nuestro mismo punto de vista de Dios se afectan"[65].

"Todas las cosas" incluiría el mundo angélico y al resto de la creación además de la humanidad. La muerte de Cristo ha tratado tanto con la mancilla que el pecado ha causado como con su culpabilidad.

¿En qué sentido reconcilió Cristo todas las cosas en el cielo con sí mismo incluyendo a Satanás y a sus ángeles? No lo hizo en el sentido común de traer a todos a la salvación sino en el amplio sentido de traerlos a la sujeción de su voluntad. La muerte de Cristo ha paci-

---

[64]Ibídem., p. 103.
[65]Johnson, 474:143. Ver además a James S. Stewart, *A Man in Christ*, pp. 204-72.

ficado a Satanás y a sus ángeles. Ahora se tienen que someter a Él (cf. 2:15) como cuando los creó[66].

Este pasaje (1:15-20) contiene una de las mayores cristologías en la Biblia[67]. Los eruditos se han referido a estos versículos como "La gran cristología" [68] y a los versículos 15-20 como "el Himno de Cristo"[69].

---

[66]Para una crítica de la posición universalista, basada en este versículo, que porque el gran propósito de Dios es la reconciliación nadie finalmente se puede perder, ver P. T. O'Brien, "Col. 1:20 y Reconciliation of all Things", *Reformed Theological Review* 33:2 (mayo-agosto, 1974):45-53.

[67]Para un examen y una evaluación de los actuales puntos de vista sobre este pasaje, ver a Larry L. Helyer, "Cosmic Christology and Col 1:15-20", *Journal of the Evangelical Theological Society* 37:2 (junio, 1994):235-246. Ver además, ídem "Colossians 1:15-20: Pre-Pauline or Pauline?" *Journal of the Evangelical Theological Society* 26:2 (junio, 1983):167-179; ídem, "Arius Revisited: The Firstborn Over All Creation (Col. 1:15)", *Journal of the Evangelical Theological Society* 31:1 (marzo, 1988):59-67; ídem, "Recent Research on Col. 1:15-20 (1980-1990)", *Grace Theological Journal* 12:1 (1992):51-67; and Jeffrey S. Lamp, "Wisdom in Col. 1:15-20: Contribution and Significance", *Journal of the Evangelical Theological Society* 41:1 (marzo, 1998):45-53.

[68]P. ej., Johnson, 473:12

[69]P. ej., Bruce, 562:99. Steven M. Baugh, "The Poetic Form of Col. 1:15-20", *Westminster Theological Journal* 47:2 (Otoño, 1985):227-244, escribió que las formas de estos versículos están en hebreo más bien que en la poesía griega. J. C. O'Neill, "The Source of the Christology in Colossians", *New Testament Studies* 26:1 (octubre, 1979):87-100, argumentó que Pablo tomó las afirmaciones cristológicas en 1:9-23 y 2:6-15 de fuentes judías antes que del almacen propio del autor de ideas teológicas o de himnos cristianos antiguos. Sources. T. E. Pollard, "Colossians 1:12-20: a Reconsideration", *New Testament Studies* 27:4 (julio, 1981):572-575, sugirió que la supremacía de Cristo en este pasaje se debe entender como por encima de la Torá, Adán e Israel.

"El himno de Cristo de Colosenses 1:15-20 es una ponderosa declaración acerca de la persona y obra de Jesucristo. La supremacía de Cristo se ve a cada vuelta. La primera porción enfoca su rol preeminente en la creación, mientras que la segunda enfatiza su obra como redentor. Para cualquier cristiano, en Colosas en aquel entonces, o en cualquier parte hoy, que pueda estar o está confundido acerca del rol de Cristo en el mundo, estos seis versículos testifican de la absoluta autoridad de Cristo, la que no se puede compartir con ninguna persona, ángel o demonio"[70].

B. La obra reconciliadora de Cristo 1:21-29

Pablo continuó su exposición de la superioridad de Cristo con énfasis en su obra reconciliadora. Él hizo esto para cimentar a sus lectores más allá en la verdad plena de la revelación de Dios para que los falsos maestros no los desviaran.

Como la experimentaron los colosenses 1:21-23

El apóstol continuó con la aplicación de la reconciliación de Cristo.

1:21, 22
La iglesia en Colosas era una congregación predominantemente gentil como es evidente en la descripción de Pablo de la condición de pre conversión de sus lectores. La referencia de Pablo al "cuerpo carnal" pudo haberle

---

[70]H. Wayne House, "The Doctrine of Christ in Colossians", *Bibliotheca Sacra* 149:594 (abril-junio, 1992):187.

ayudado a distinguirlo de su cuerpo espiritual, la iglesia
(v. 18). Pudo, además, haberlo mencionado para contradecir la falsa idea de que Cristo no tenía un cuerpo físico
genuino[71]. Una de las herejías de la iglesia primitiva fue
el docetismo. Los docetistas enseñaban que Jesús parecía tener un cuerpo físico. Basaban este punto de vista
en la incorrecta noción de que el cuerpo físico era inherentemente malo.

> "...tal énfasis hubiera sido un bastión en
> contra de cualesquiera tendencias que intentaban cuestionar la realidad de la
> muerte de Cristo: El primogénito de toda la creación logró su estatus como
> primogénito de los muertos experimentando la plena realidad de la muerte física"[72].

"Santo" significa apartado del pecado. "Puro"
significa sin mancha o defecto, "sin reproche" significa
totalmente sin ocasión para la crítica. Pablo no estaba
hablando de la conducta personal del cristiano sino
acerca de su posición en Cristo.

1:23

"Si" introduce una condición que el escritor asume era
verdadera para la realidad por el bien de su argumento
(una condición de primera clase en griego). Podríamos
traducirlo como "ya que". Pablo asumió que sus lectores
harían lo que describió porque la perseverancia es *normal*
para los creyentes genuinos (cf. 2 Co. 5:17; Fil. 1:6; 1 Jn.
2:19). Sin embargo la perseverancia en la fe no es *inevitable*. La apostasía es una posibilidad real a la que él aludió
aquí. (cf. 1 Ti. 4:1-2; et al.). Es necesario permanecer en

---

[71]Vaughan, p. 187.
[72]Dunn, p. 109.

la fe para obtener un buen reporte del Señor en el banco del juicio de Cristo. Esta era la preocupación de de Pablo por sus lectores aquí[73].

Pablo pensaba en sus lectores como en un edificio "firmemente establecido" sobre el fundamento de los apóstoles (Ef. 2:20). Él los vio tenazmente rígidos, no soplados fuera de base por los vientos de la falsa doctrina (cf. Ef. 4:14). Ya que los terremotos no eran insólitos en el valle de Licos, las declaraciones de Pablo pudieron haberles recordado a los colosenses su seguridad en otro sentido[74].

> "...los destinatarios tenían que mantenerse firmemente sentados sobre el evangelio como un dios en su templo o un jinete hábil en un caballo fogoso".[75]

El evangelio había tenido una amplia circulación. "Sobre toda creación bajo el cielo" debe ser una hipérbole, con el significado de que había ido por todas partes en un sentido general. Pablo estaba contrastando el encanto y la proclamación del evangelio con la atracción exclusiva de la comparativamente limitada circulación del mensaje de los falsos maestros. "Ministro" es sirviente (gr. *diakonos*).

Como lo ministró Pablo 1:24-29

Pablo había recibido una única función que cumplir en el cuerpo de Cristo. Él ministró el evangelio de la recon-

---

[73]Ver a Bob Wilkin, "Is Continuing in the Faith a Condition of Eternal Life?" *Grace Evangelical Society News* 6:3 (marzo, 1991):2.

[74]Wiersbe, 2:120-121.

[75]Dunn, p. 111.

ciliación a los gentiles no evangelizados primariamente (v. 25). Explicó su ministerio a sus lectores para que ellos apreciaran la obra reconciliadora de Dios más profundamente y para estimularlos a que continuaran hacia la madurez.

Los sufrimientos de Pablo 1:24

"Este versículo es... probablemente el más controversial en la carta"[76].

Pudo haber parecido irónico que Pablo estuviera en la cárcel, en vista de que había hablado de su éxito acerca del evangelio. Por lo tanto rápidamente explicó que sus aflicciones eran parte del plan de Dios, y se regocijó en ellas. Pablo se podía regocijar porque sabía que sus prisiones beneficiarían a lectores a través de su ministerio a ellos en esta carta si no de otra manera. Aún más, él vio sus sufrimientos como los que cualquier siervo de Cristo podía esperar en vista del trato del mundo a su Señor.

"...la palabra *thlipseon* (RVR, 1960; NVI; BA, 'aflicciones') nunca se usa en el Nuevo Testamento respecto a los sufrimientos expiatorios de Cristo. Por lo tanto, debemos rechazar cualquier concepción de un tesoro de mérito, tal y como los católicos romanos permiten, compuestos por los sufrimientos de Cristo más los sufrimientos de los santos y dispensados como indulgencias.

"Si además descartamos las interpretaciones que entienden que Pablo se refie-

---

[76]Johnson 475:229.

re a los sufrimientos exigidos por Cristo
o sufridos por su causa (el sentido natural genitivo se opone a esto), se nos deja
con varias alternativas"[77].

Una perspectiva es que la frase "las aflicciones
de Cristo" se refiere a la cuota de sufrimientos que la
iglesia debe sufrir corporalmente antes del fin de la era
(cf. Mt. 24:6; He. 11:40; Ap. 6:11)[78]. Sin embargo esta
idea es ajena al contexto que acentúa la contribución de
los sufrimientos de Pablo hechos por el bienestar de los
colosenses. El punto de Pablo no era que sus sufrimientos mitigaron a los colosenses de la parte de sus sufrimientos por Cristo (cf. 1:28, 29; 2:1, 2).

Una segunda perspectiva es que Pablo estaba diciendo
que sus sufrimientos eran similares a los de Cristo. Él y
Cristo sufrieron por los creyentes, Cristo en la cruz y
Pablo en el presente[79]. Pero Pablo aquí escribió de los
sufrimientos de Cristo. Eran los suyos propios, de Cristo.

Una tercera perspectiva es que los sufrimientos
de Cristo a los que Pablo se refiere son las obras sacrifi-
ciales que el Señor dejó para que los creyentes ejecuta-
ran[80]. Como Cristo sufrió durante su ministerio, así los
cristianos sufrimos durante nuestros ministerios. Sin
embargo si esto es lo que Pablo quería decir, ¿Por qué
habló de ellos como las aflicciones de Cristo? Esta perspectiva, como las dos precedentes, expresa una revela-

---

[77]Ibídem., 475:229-230.
[78]C. F. D. Moule, *The Epistles of Paul the Apostle to the Colossians and to Philemon*, p. 76.
[79]T. K. Abbott, *A Critical and Exegetical Commentary on the
Epistles to the Ephesians and to the Colossians*, p. 232.
[80]Lightfoot, p. 163.

ción escritural, pero esa revelación no parece ser el foco de Pablo aquí.

Una cuarta perspectiva, la que yo prefiero, considera las aflicciones de Cristo como los sufrimientos reales ahora, no en la cruz sino en y a través de Pablo en quien Él moraba (cf 2 Co. 11:23-28)[81]. Cuando nosotros los creyentes sufrimos, Cristo sufre también porque Él mora en nosotros (cf. Hechos 9:4).

> "No es de maravillarse, entonces, que Pablo se regocijó en sus sufrimientos. Vistos a la luz de su unión con Cristo, ellos se transfiguraron e hicieron una ocasión para el compañerismo con Él, así como un beneficio para el cuerpo, la iglesia"[82].

El mensaje de Pablo 1:25-27

El rol de Pablo en la casa de Dios (el significado de "mayordomía) fue el de siervo que expandía plenamente la revelación de Dios para el beneficio de sus lectores gentiles.

> "Él fue un siervo de la iglesia, pero en el sentido más profundo él fue un mayordomo de Dios"[83].

Esta revelación incluía un "misterio". Este término se refiere a una verdad desconocida pero ahora revelada por Dios. En el mundo griego también se refería a las ceremonias secretas de los cultos paganos que

---

[81] Johnson, 475:230-31; Dunn, p. 114.
[82] Johnson, 475:231.
[83] Vaughan, p. 191.

sólo los iniciados conocían. El uso de Pablo era similar, pero con la diferencia que Dios ahora había revelado el secreto.

"El movimiento de la historia del mundo es una progresión lineal que también ha sido dirigida por un secreto determinado desde el comienzo por el único Dios"[84].

Dios había escondido esta nueva revelación del entendimiento humano desde épocas pasadas. Pablo lo expandió más plenamente en Efesios 3:3-9 y sólo dio su esencia aquí como "Cristo [entre] vosotros [gentiles]" (cf. Ro. 8:10; 2 Co. 13:5; Gá. 2:20; Ef. 1:13, 14; 3:17).

"Para que Cristo esté *entre* los gentiles involucraba el estar *en* los que creían. Y Él era y es para ellos *la esperanza de la gloria*, el compromiso que ellos compartirán en su gloria venidera. (cf. 3:4)"[85].

Que Dios salvaría a los gentiles no era una nueva revelación (p. ej., Is. 49:6), pero que Él iba a morar en ellos y tratar con ellos sobre la misma base que lo hacía con los judíos era una nueva revelación. Los que rechazaban esta revelación insistían en que los gentiles se tenían que convertir en judíos antes de que pudieran convertirse en cristianos (cf. Hechos 15:1).

"Por lo menos cuatro características se describen como misterio. (1) El concepto de cuerpo de judíos y cristianos gentiles unidos en un cuerpo se designa como

---

[84]Dunn, p. 120.
[85]Johnson, 475:233.

misterio en Efesios 3:1-12. (2) A la doctrina de que Cristo mora en todo creyente, el concepto de Cristo-en-vosotros, se
le llama misterio en Colosenses 1:24-27
(cf. Co. 2:10-19; 3:4, 11). (3) A la iglesia
como la esposa de Cristo se le llama misterio en Efesios 5:22-32. (4) Al rapto se
le llama misterio en 1 Corintios 15:50-
58. Estos cuatro misterios describen la
calidad que distingue la iglesia de Israel"[86].

Los dispensacionalistas, junto con los no dispensacionalistas (es decir, los teólogos del pacto) inter-
pretan el misterio de Cristo en nosotros como la realización de la promesa del Antiguo Testamento que Dios
iba a poner su Espíritu dentro de los creyentes (Ez.
36:27; cf. 37:14)[87]. Los dispensacionalistas normativos
toman este misterio como una nueva revelación de que
Cristo iba a morar en los creyentes en la iglesia[88]. La diferencia no está en la distinción del Espíritu y la iglesia.
Ambas posiciones ven la unidad entre el Espíritu y la
iglesia. La diferencia es el concepto de iglesia, aunque
los dispensacionalistas progresivos y normativos ven a
la iglesia diferente a Israel. Los progresivos ven a la iglesia como la fase presente prevista del reino mesiánico
(davídico). Los normativos ven a la iglesia diferente al
reino mesiánico (davídico) y no previsto en el Antiguo
Testamento.

---

[86]Arnold G. Fruchtenbaum, "Israel and the Church", in *Issues in
Dispensationalism*, pp. 117, 118.
[87]Ver a Saucy, pp. 167-173.
[88]Charles C. Ryrie, *Dispensationalism Today*, p. 135; ídem, *Dispensationalism*, pp. 124, 125; Wiersbe, 2:122.

"Es notable que por tercera vez en estos párrafos iniciales al tema de la esperanza se le da un lugar central en el evangelio. (1:5, 23, 27...). Esta es una nota apropiada en la que termina esta breve referencia al misterio del propósito de Dios formado desde antes de las eras y generaciones y ahora moviéndose hacia el clímax escatológico"[89].

El propósito de Pablo 1:28

Pablo proclamó esta revelación como un hecho completo. La palabra *katangellomen*, traducida "proclamar" implica su carácter completo.

"'Aconsejar' (*nouthetountes*) y 'eseñar' (*didaskontes*) describen dos circunstancias presentes en las predicaciones de Pablo. La primera palabra...tiene que ver con la voluntad y las emociones y connota advertencia. Aquí se relaciona con los no cristianos, el pensamiento probablemente es que el apóstol buscaba despertar en cada uno su necesidad de Cristo... 'Enseñar', lo que probablemente se refiere al ministerio para los conversos, acentúa la importancia de la instrucción en proclamar la Palabra. 'Con toda sabiduría' parece expresar la forma en que la enseñanza se efectuaba"[90].

Admoniciones negativas y la enseñanza positiva presentadas a través de sabios (apropiados) métodos

---

[89]Dunn, p. 123.
[90]Vaughan, p. 193.

eran necesarias para traer a todas las personas, no solamente a los pocos privilegiados como en el agnosticismo, a una madurez plena en Cristo. Pablo tenía el inminente regreso de Cristo en perspectiva como el tiempo en el que quería presentar a toda persona madura en Cristo (cf. Ef. 4:13). Pablo proclamaba una persona, no una filosofía. Note que no solamente predicaba el mensaje del evangelio sino todo el consejo de Dios. Su meta no era solamente que las personas se salvaran sino guiarlas a la madurez en Cristo (cf. Mat. 28:20).

> "Una vez más aquí puede haber un recordatorio amable de que cualquiera de los recipientes colosenses tentados a mirar a cualquier lugar para obtener una experiencia 'más completa' y sabiduría necesitan mirar, y deben mirar, no más allá de Cristo para su 'perfección'"[91].

> "Pablo se tomó el tiempo para ministrar a los individuos; note la repetición de 'todo hombre' en Colosenses 1:28. Si ministramos sólo a unos pocos creyentes, estamos ayudando a la iglesia completa"[92].

El poder de Pablo 1:29

Pablo tenía que gastar energía física, mental y espiritual trabajando duramente para este fin. Algunas veces tenía que luchar y contender con sus adversarios en el mundo como con los de su propia carne y el diablo. No obstante el poder sobrenatural del Cristo residente lo energizó.

---

[91]Dunn, p. 126.
[92]Wiersbe, 2:123.

"La raíz [de la palabra griega traducida 'obras' *energoumenen*] generalmente se refiere al poder sobrenatural, de Dios o de Satanás"[93].

"La declaración completa muestra que a través de la fe en Cristo podemos unir nuestra vida a una fuente de vigor que nos permite levantarnos por encima de nuestras limitaciones naturales"[94].

La perspectiva de Pablo de su ministerio era ciertamente alta. Se hubiera desesperado si no hubiera aprendido la suficiencia de la gracia de Dios en su vida (2 Cor. 12:9).

III. Adevertencias en contra de las filosofías de los hombres c. 2

"El creyente que domine este capítulo probablemente no se desviará por alguna seductora y atrayente 'forma nueva y mejorada de cristianismo'"[95].

A. Exhortaciones a perseverar en la verdad 2:1-7

Pablo exhortó a sus lectores a continuar creyendo y practicando la verdad de la revelación de Dios. Él hizo esto para prevenir que aceptaran la instrucción errónea de los falsos maestros que estaban buscando apartarlos de la voluntad de Dios.

---

[93] Johnson, 475:234.
[94] Vaughan, p. 193.
[95] Wiersbe, 2:105.

La preocupación de Pablo 2:1-5

2:1

Pablo usó una metáfora atlética para describir sus ansiedades y su profunda preocupación por sus lectores y sus semejantes cristianos. Sus luchas (1:29) incluían luchas y conflictos por ellos. Laodicea estaba a unos 18 km al oeste de Colosas, en el valle del Lico. Otro pueblo cercano era Hierápolis. Evidentemente los falsos maestros estaban promoviendo sus puntos de vista en la región completa. Pablo sentía preocupación por todos los cristianos bajo esta influencia incluyendo a los creyentes colosenses y laodicenses. Pudo haber querido decir que estaba luchando en oración por ellos[96].

> "El mismo Pablo no evangelizó el valle del Lico; está claro por Colosenses 2:1 que no estaba personalmente familiarizado con las iglesias ahí"[97].

2:2, 3

El "corazón" incluye todo en el hombre interior incluyendo la mente (cf. Pr. 23:7). La riqueza del cristiano está en su comprensión de la verdad de Dios. La esencia de la revelación de Dios es Cristo (cf. 1:27). Mientras mejor entienda un cristiano la verdadera revelación de Dios concerniente a la persona de Jesucristo mejor será capaz de reconocer y de refutar la falsa doctrina.

> "Sólo un amor que penetre en el corazón y mane del corazón puede sostener

---

[96]Vaughan, p. 194.
[97]Bruce, 141:561:8.

la clase de unidad que Pablo buscaba (ver además...1:4)"[98].

Dios ha revelado en Cristo que toda persona debe saber establecer una relación con Dios. Pensar que la fuente de la verdadera sabiduría espiritual está en alguna otra parte fuera de Cristo puede producir un terrible desorden en la vida cristiana. "El conocimiento" es el genuino entendimiento y la "sabiduría" la genuina verdad (cf. 1:9).

> "La palabra *apokruphoi* (RVR-1960; NVI; BA, 'escondidos') es enfática por la posición, y a la luz de esto es posible que Pablo tuviera en mente algo similar a las religiones de misterio. En ellas al iniciado, después de un período de entrenamiento y de instrucción, se le permitía estar presente en un acto similar a una obra teatral de pasión. Por medio de la ejecución el iniciado debía tener una experiencia de identificación con su dios. La instrucción dada previamente capacitaba al iniciado para entender la obra. Para los extraños el ritual debía haber sido un misterio"[99].

2:4, 5

La descripción de Pablo de la iglesia de los colosenses describe a una compañía de soldados bien disciplinados parados en atención en líneas rectas. La palabra griega *stereoma*, aparece solamente aquí en el Nuevo Testamento y significa "estabilidad".

---

[98]Dunn, p. 130.
[99]Johnson, 119:475:236.

Ella "...apunta a ese rasgo en la fe de los colosenses que los encomienda al aviso y elogio del apóstol, a la agudeza, a su naturaleza inquebrantable, o a la obstinación de sus adherentes a su único objeto—"[100].

Hasta el momento el creyente estaba manteniendo su posición en contra de los falsos maestros, pero Pablo temía que esta condición pudiera cambiar. No quería que los falsos maestros los convencieran a creer en algo falso por argumentos engañosos.

"La implicación de que Pablo puede ver realmente el estado de los asuntos en Colosas ('gozándome y mirando vuestro buen orden...') es, por supuesto, una expresión de lo que esperaba ver de ser posible"[101].

"Este recordatorio final forma una inclusión con 1:4 y de esa manera engloba el todo de la acción de gracias y de la declaración personal de esa fe..."[102].

La exhortación de Pablo 2:6, 7

"Los versículos 6 y 7 ocupan una posición cardinal en la carta. Sirven como la base de la interacción de Pablo con la herejía colosense (vv. 8-23) habiendo resumido mucho de lo que ya se había escrito en la epístola"[103].

---

[100]Eadie, p. 123.
[101]Dunn, p. 134.
[102]Ibídem., p. 135.
[103]O'Brien, *Colossians*..., p. 108.

2:6

En lo particular Pablo alentó a sus lectores a continuar siguiendo a Cristo en armonía con la sana enseñanza que había resultado de su conversión[104]. Su asunto no era que como los colosenses se habían convertido en cristianos por la fe en Cristo ellos debían continuar caminando por fe. Esto está claro por la palabra de Pablo traducida "recibido". A menudo se refiere a la recepción de la verdad a través de la transmisión (cf. 4:6; 1 Co. 11:23; 15:1, 3; Gá. 1:9, 12). Está claro, además, por la expresión "como habéis sido enseñados" (v. 7) y por el contexto (vv. 4, 5, 8).

"Cristo Jesús el Señor" contrarresta tres concepciones falsas del Salvador. Está su deidad ("Cristo") que el judaísmo negaba, su humanidad ("Jesús") que los docetistas negaban y su soberanía ("Señor") que muchas variedades de falsas enseñanzas negaban.

"Ya que el sentido básico de *kurios* ["Señor"] es el de superior a inferior (amo a esclavo; rey a súbdito; dios a adorador) con derechos formalmente reconocidos del primero a mandar o deponer al último (ver además 3:22 y 4:1), todos hubieran reconocido que la aceptación de Jesucristo como Señor incluía dentro de sí la sumisión del creyente a este Cristo e

---

[104]Ver a H. Wayne House, "The Christian Life according to Colossians", *Bibliotheca Sacra* 151:604 (octubre-diciembre), 1994):440-454.

incondicional presteza a actuar en obediencia a Él"[105].

2:7

Cuatro características describen al cristiano saludable en este versículo. Primero, está firmemente arraigado como un árbol "nacido de nuevo". Segundo, se está erigiendo como un edificio (cf. 1 P. 2:2). Tercero, está tornándose crecientemente estable en la fe. Cuarto, demuestra constantemente el fruto del agradecimiento. Cuatro principios en el texto griego describen estas características. El primero es el tiempo perfecto que indica la recepción inicial de una nueva vida. Los últimos tres están en el tiempo presente que revela los caminos en los que la nueva vida se expresa continuamente.

"El presente pasaje puede implicar que a los que les falta un sentido profundo de agradecimiento hacia Dios son especialmente vulnerables a la duda y a la decepción espiritual"[106].

"Un espíritu de gratitud es una marca de madurez cristiana. Cuando un creyente abunda en acciones de gracias, ¡está realmente progresando!"[107].

"Como en Ro. 1:16, 17 y Gá. 1:11, 12 1:16, 17, estos dos versículos proveen una breve declaración resumen del pun-

---

[105]Dunn, p. 140. Defensores de "la salvación por el Señorío" tienen problemas cuando van más allá de esta declaración. Su posición es que a menos que una persona obedezca consistentemente —nunca especifican cuán consistente uno debe ser— nunca aceptó realmente a Cristo.

[106]Vaughan, p. 196.

[107]Wiersbe, 2:125.

to principal hecha en la carta, para servir de encabezamiento a lo que sigue…"[108].

B. La verdadera doctrina de Cristo 2:8-15

Pablo reveló lo que sus lectores disfrutaban en Cristo en este pericope para animarlos a que se mantuvieran fieles a la verdadera revelación que habían creído y recibido.

"El apóstol ahora hace su más directo ataque en contra 'de la herejía colosense'. El pasaje entero se encrespa con dificultades exegéticas, y llama a una mayor atención de su reducción y argumento que en cualquier otra parte de la epístola"[109].

"2:8 funciona como un encabezamiento y declaración inicial del tema de la sección, en una forma quiástica: 8a denuncia polémica16-23 8b de acuerdo con Cristo 9-15"[110]

2:8

"La "filosofía"—esta es la única incidencia de la palabra en el Nuevo Testamento— aquí no se refiere al estudio de las preguntas básicas concernientes a Dios, y al significado de la vida. Se refiere a las especulaciones e ideas de los falsos maestros no enraizadas en la revelación divina. Estas ideas habían llegado por mera tradición humana.

---

[108]Dunn, p. 138.
[109]Vaughan, p. 197.
[110]Dunn, p. 144.

"Mucho depende de nuestra semántica en este punto. Si por filosofía queremos dar a entender la búsqueda de la claridad y el entendimiento con relación a la realidad completa, entonces el cristiano debe en cierto sentido filosofar. Debe pensar claramente, y luchar por una perspectiva auto consistente de la vida. En esta búsqueda, sin embargo, siempre se debe someter a la guía, limitación y crítica de la luz divina. Por otra parte, si por filosofía queremos dar a entender especulación humana con relación a las preguntas básicas de las preguntas del hombre sin el debido respeto por la revelación de Dios, entonces el cristiano, sin duda, estará de acuerdo con que esta filosofía tiene una relevancia disminuida a su vida y llamamiento...

"Seriamente cuestiono la perspectiva de que Pablo, como Tertuliano después de él, se debe entender que cuestiona todo estudio de filosofía. [cf. 1 Co. 15:1-58; Hechos 17:22-30]. . . .

"Entonces entiendo la palabra como limitada por el contexto; la filosofía colosense está en mente, la que no está en armonía con la revelación"[111].

"Las huecas sutilezas describen también la filosofía. Esto está claro por el hecho de que dos sustantivos son el objeto de

---

[111]Johnson, 119:476:302-03, 307. Ver a David L. Mosher, "St. Paul and Philosophy", *Crux* 8:1 (noviembre, 1970):3-9.

una preposición, "según; conforme a; con arreglo a" (gr. *día*), y no hay artículo antes de "huecas sutilezas ("vana y engañosa filosofía; NVI). Estos no son dos peligros separados. Esto había llegado a sus lectores como tradición pagana).

"Aunque el contexto de Col. 2:8 probablemente hace referencia al tipo de filosofía del protognosticismo de filosofía en Colosas que tuvo una mezcla desastrosa de legalismo, ascetismo y misticismo con el cristianismo, las implicaciones de la exhortación de Pablo a que 'nadie os engañe por medio de filosofías' están apropiadamente aplicadas a los sistemas extraños de pensamiento que han invadido al cristianismo a través de los siglos desde entonces"[112].

"...No podemos tener cuidado correctamente de la filosofía a menos que tengamos cuidad de la filosofía"[113].

Los "principios elementales (gr. *stoicheia*) del mundo" probablemente se refieren a las prácticas religiosas que los falsos maestros estaban promoviendo que eran sencillamente exteriores y físicas (v. 20; cf. Gá. 4:3, 9)[114]. Estas probablemente involucraban la observancia

---

[112]Norman L. Geisler, "Beware of Philosophy: A Warning to Biblical Scholars", *Journal of the Evangelical Theological Society* 42:1 (marzo, 1999):3.

[113]Ibídem., p. 18.

[114]El punto de vista de la mayoría de los comentaristas es que este falso sistema religioso de adoración tenía los espíritus elementales como su tópico (cf. v. 18). Ver a O'Brien, *Colossians* . . ., pp. 129-132, para más discusión.

de la Ley de Moisés. Cristo no era ni la fuente ni el contenido de estas enseñanzas.

"El contexto hace claro que estas prohibiciones se refieren a las cosas que son étnicamente neutrales, no a las cosas que son inherentemente pecaminosas...La autonegación voluntaria en asuntos de comida puede ser un ejercicio espiritual útil, y en ocasiones se puede recomendar por consideraciones de caridad cristianas; pero lo que se desaprueba aquí es una forma de ascetismo por el ascetismo, cultivado como una obligación religiosa...

"Como se ha dicho, la herejía colosense era básicamente judía. Sin embargo el legalismo judaizante honesto de los gálatas no se concebía en los colosenses. En cambio era una forma de misticismo que tentaba a sus adeptos a mirarse como una élite espiritual...

"Buscar los movimientos dentro del judaísmo para la fuente de la herejía de los colosenses es un procedimiento más sabio que postular influencias directas de la cultura iraní [mesopotámica] o griega"[115].

"Es mejor reconocer que los elementos judíos y gentiles estaban presentes en la herejía colosense, muchos de los cuales generalmente eran compartidos por el

---

[115]Bruce, 141:563:196, 197; 200, 201.

populacho en el mundo del primer siglo, especialmente en la atmósfera sincrética y helenística de Acaia y Asia Menor occidental. Muchos de los elementos se desarrollaron en el gnosticismo del segundo siglo pero con más puntos de vista filosófico-religiosos que los que se encuentran en Colosenses. Lo que más uno puede decir del error en Colosenses es que era un sincretismo de los judíos, gentiles y de rasgos cristianos que disminuyeron toda la suficiencia de la salvación de Cristo y su preeminencia personal"[116].

2:9, 10a

"Porque" introduce otra razón para abandonar la falsa enseñanza. Lo que los lectores tenían en Cristo era completamente adecuado. Él es la misma esencia en la que "la plenitud" reside permanentemente (en su estado glorificado presente cf. 1:19). La palabra griega traducida como deidad (*theotetos*) se refiere a la única esencia de Dios (cf. Jn. 1:1). La divinidad *theiotes*, Ro. 1:20; Hechos 17:25), por otra parte, se refiere a la cualidad divina de Dios, la que otros seres pueden compartir (cf. Jn. 1:14).

Esta plenitud estaba presente en la forma corporal de Cristo durante su ministerio terrenal. Él no renunció a su deidad cuando se convirtió en hombre. Continúa en su forma corporal resucitada[117]. Como los que están en Cristo, nosotros también tomamos parte de su plenitud. No tenemos necesidad que Él no supla.

---

[116]House, "Heresies in . . .," p. 59.
[117]Ver a Johnson, 119:476:309, 310.

"Esta declaración corona
el argumento de Pablo.
Porque Cristo es comple-
tamente Dios y realmen-
te hombre, los creyentes,
en unión con Él, 'se ha-
cen completos', o sea,
comparten su pleni-
tud"[118].

2:10b-12

Cristo es la cabeza de todos los seres espirituales ("dominio y autoridad"). La suficiencia de Cristo es evidente
en tres cosas que Dios ha hecho por nosotros en Él:
Nos circuncidó espiritualmente (vv. 11, 12), perdonó
nuestros pecados (vv. 13, 14), y nos dio victoria sobre
las fuerzas del mal (v. 15).

Nuestra circuncisión espiritual (v. 11) se llevó a
cabo cuando Dios nos regeneró (cf. Gá. 5:24). Involu-
cró el corte del dominio de nuestra naturaleza pecami-
nosa (la carne) cuya esclavitud caracteriza a la persona
no regenerada (cf. Ro. 7:24, 25). "El bautismo" (v. 12)
es el bautismo del Espíritu.

2:13, 14

Los incrédulos son pecadores por naturaleza (la incir-
cuncisión de su carne, "es decir, la naturaleza pecamino-
sa), y práctica ("transgresiones", es decir, violaciones de
las normas de Dios). No obstante, Dios ha perdonado a
los creyentes. Ha cancelado nuestro recibo de deudas.
Esto es verdad si como judíos violamos la Ley de Moisés (la revelación especial) o como gentiles violamos la
ley de Dios escrita en nuestros corazones (la revelación
especial, Ro. 2:14, 15).

---

[118]Vaughan, p. 199.

El término griego traducido "cancelado" (v. 14, *exaleipsas*) sugiere la mancha de las cartas escritas en cera[119]. Nuestro certificado de deuda era hostil a nosotros en que nos acosaba a través de una conciencia culpable y de advertencias escriturales. Cristo borró la deuda, Cristo quitó el certificado de entre nosotros y Dios, y Dios crucificó la cuenta de la deuda con Cristo en la cruz. La frase final en el versículo 14 puede ser una alusión a la inscripción en la cruz de Jesús.

"Lo que la metáfora dice es que Jesús tomó la acusación maldita y la clavó en la cruz —presumiblemente como un acto de desafío triunfante ante el rostro de las autoridades chantajistas que la estaban manteniendo sobre hombres y mujeres como un medio de demandar su lealtad—. Si hay una analogía aquí, puede consistir en el hecho que la misma acusación de Jesús se clavó en su cruz. Justo como su propia acusación estaba clavada ahí, dice Pablo, así toma la acusación forzada en contra de su pueblo y la clava a su cruz. Su pasión victoriosa los libera de su bancarrota y de la esclavitud"[120].

Realmente Cristo murió como nuestro sustituto bajo el cargo de quebrantar la ley mosaica, no bajo el supuesto cargo

---

[119]C. F. D. Moule, *The Epistles . . .*, p. 98.
[120]Bruce, 141:564:296. Cf. O'Brien, *Colossians . . .*, p. 124.

de que falsamente proclamó ser el Rey de los judíos[121].

2:15

El desarme de los gobernantes angelicales probablemente se refiere a la derrota de los gobernantes angelicales por medio de su muerte y resurrección[122]. Esto parece ser mejor que su retirada función mediadora de los buenos ángeles tal como su entrega de la ley[123].

> "Cristo se despojó en la cruz de los poderes malvados que habían luchado contra Él tan fuertemente a través de su ministerio en intentos de forzarlo a abandonar el camino de la cruz (cf. Lc. 4:1-13; Mt. 16:22, 23; Lc. 22:53, etc.)"[124].

La exhibición pública probablemente se refiere a Jesús desacreditando a los gobernadores de maldad cuando murió en la cruz cargando el pecado que era su demanda y asidero sobre los seres humanos. Cristo triunfó sobre las huestes de Satanás en la cruz (cf. 2 Cor. 2:14). Parece ser mejor que "Él".

> "Es más natural ver a los principados y gobernantes aquí como enemigos derrotados, llevados al frente de la carroza triunfal como testigos involuntarios e

---

[121]Bryce, *Commentary on the Epistle to the Colossians* en *Commentary on the Epistles to the Ephesians and the Colossians* por E. K. Simpson y F. F. Bruce, pp. 238, 239.

[122]Lightfoot, pp. 187-189.

[123]Homer Kent, Jr., *Treasures of Wisdom*, pp. 88, 89.

[124]Johnson, 119:477:20.

impotentes de la fuerza superior del conquistador"[125].

"El cuadro, bastante familiar en el mundo romano, es el de un general triunfante liderando un desfile de victoria...Para el observador accidental, la cruz parece ser sólo un instrumento de muerte, el símbolo de la derrota de Cristo; Pablo lo representa como la carroza de la victoria de Cristo"[126].

Este pasaje es otro (cf. 1:15-20) que enfatiza la supremacía de Jesucristo y da una explicación del fuerte sabor cristológico de la epístola.

C. La falsa doctrina de los hombres 2:16-23

Habiendo revelado lo que los hombres tienen en Cristo, Pablo inmediatamente apunta los errores de los falsos maestros más específicamente para ayudar a sus lectores a identificar y rechazar su instrucción.

"Es triste decir que hay cristianos que realmente creen que alguien, algún sistema religioso o disciplina le pueden añadir algo a su experiencia espiritual. Pero ya ellos tienen en la persona de Jesucristo todo lo que han de necesitar"[127].

2:16, 17

---

[125]Bruce, "Colossians Problems", 141:563:298, 299. Para una breve explicación y evaluación de las tres teorías principales de la expiación de Cristo, ver a Johnson, 119:477:21, 22.
[126]Vaughan, p. 202.
[127]Wiersbe, 2:105.

Los falsos maestros estaban alentando a los colosenses a colocar su libertad cristiana bajo su control. Querían limitarla prohibiendo ciertas actividades perfectamente legítimas Los cinco aspectos mencionados en el versículo 16 eran todos parte del judaísmo. Por consiguiente es muy probable que los falsos maestros legalistas fueran en cierta medida judíos (es decir, abogaban obediencia a la Ley de Moisés para la justificación y santificación).

"Los creyentes gentiles en Colosas nunca estuvieron bajo la Ley de Moisés ya que esa ley le fue dada solamente a Israel (Ro. 9:4). ¡Parece extraño que, ahora que eran cristianos, quisieran someterse al legalismo judío!"[128].

Las observancias dietéticas y festivas eran como sombras de Cristo.

Eran "… un opaco bosquejo, un boceto de un objeto en contraste con el mismo objeto… Las ofrendas eran reflejos de la genuina ofrenda salvadora en la cruz, el sacerdocio un presagio del ministerio sacerdotal de Cristo, y los reyes de Israel débilmente sugirieron al Rey de reyes y Señor de señores venidero. La nueva era, entonces, no es la extensión del judaísmo, más bien, el judaísmo era una mera sombra de la presente era proyectada en el pasado"[129].

Cuando Cristo vino, explicó que la ley mosaica ya no era obligatoria. (p. ej., Mr. 7:18, 19; Lc. 16:16; cf. Jn. 1:17; Hechos 10:12; Ro. 7:6; 10:4; 14:17; 1 Co. 8:8; 2 Co. 3:6-11; Gá. 3:19, 23; 4:9-11; 5:1; He. 7:12; 9:10). Es-

---

[128]Ibídem., 2:128, 129.
[129]Johnson, 120:478:112. Cf. Heb. 10:1.

ta falla de los falsos maestros realmente equivalía a un fracaso para apreciar a cristo.

"La nueva religión [el cristianismo] es demasiado libre y exuberante para ser enseñada por "los tiempos y las sazones 'como su dócil y rudimentario predecesor [el judaísmo]. Su banquete es diario porque todos los días son santos; su luna nunca languidece, y su serena tranquilidad es un constante sabat"[130].

2:18, 19

Un Segundo error era el misticismo. Mientras que el legalismo colosense (vv. 16, 17) era primariamente judío en origen, el misticismo colosense (vv. 18, 19) parece haber sido gnóstico y pagano. Los lectores de Pablo estaban en peligro de desviarse al correr la carrera cristiana y no mantenerse en la pista. De esa manera pudieron perder el premio que Dios dará a los que hacen la carrera bien. (cf. 2 Ti. 4:7, 8). "La humillación propia" es la práctica de negarse a uno mismo con la idea de que esto se va a ganar mérito con Dios. Específicamente el se contempla el ayuno.

Los falsos maestros además propugnaban la adoración a los ángeles probablemente con la idea de que eran los mediadores apropiados de la oración y de la alabanza a Dios. De manera similar los católicos romanos, miran de la misma manera a los cristianos muertos, a los que han rotulado como "santos". La base de tales pretensiones era la experiencia personal, no la revelación de Dios.

---

[130]Eadie, p. 177.

Algunos traductores han añadido "visiones" (v. 18) para dar la idea de alguna experiencia superior. Sin embargo el contraste pretendido es entre ideas humanamente generadas y la revelación divina. Tales ideas les dio a los que tenían un falso sentido de orgullo. Más bien los cristianos debemos obtener nuestra dirección de Cristo por revelación divina y disfrutar el crecimiento que trae más que el crecimiento que no es genuino. Las "coyunturas y los ligamentos" probablemente se refieren a los creyentes en el cuerpo de Cristo del cual Él es la cabeza. (cf. 1:18; Ef. 4:7-16)[131].

"Un precedente a este acercamiento a la espiritualidad en el judaísmo [al que Pablo estaba antagonizando en esta epístola] se ve en un movimiento que se llegó a conocer como 'misticismo merkabah'. El merkabah se refiere a Ezequiel 1 y la carroza del trono de Dios que Ezequiel vio. Esta enseñanza hablaba de los días de ayuno para prepararse para el camino al cielo para ver a Dios y tener una visión de Él y de sus huestes angélicas en alabanza. (Philo, *Die Somniis* 1.33-37; *De Vita Mosis* 2.67-70; 1QH 6:13; 1 Enoc 14:8-25; 2 Baruc 21:7-10; Apocalipsis de Abraham 9:1-10; 19:1-9; Ascensión de Isaías 7:37; 8:17; 9:28, 31, 33). Uno se podía retirar y finalmente ir directamente a la presencia de Dios. De esa manera esta falsa enseñanza enfatizaba la humildad de la práctica ascética, las visiones, los rigores de la devoción, tratar el cuer-

---

[131]Ver a Michael P. V. Barrett, "Complete in Christ", *Biblical Viewpoint* 13:1 (abril, 1979):27-32.

po severamente y reglas acerca de lo que no se debe comer o qué días se deben observar (2:16-23). Toda esta actividad tenía como meta ayudar a los individuos a prepararse para la experiencia que los llevaba más allá de lo que Jesús ya les había provisto, para que pudieran ver a Dios y a sus ángeles en el cielo"[132].

2:20-23

En estos versículos Pablo desarrolló el tercer error al que ya había aludido, a saber el ascetismo. Las prácticas ascéticas ("principios elementales: *stoicheai*, v. 8), a las que se refirió parecen haber sido extensiones de la ley mosaica. "Pues" (v. 20) se puede leer "Ya que" Es una condición de primera clase en el griego que en este caso es una condición fiel a la realidad. Los cristianos "murieron" a las meras ordenanzas humanas del judaísmo y del gnosticismo en la conversión (cf. Ro. 6:1-4; 7:1-6; 2 Co. 5:14; Gá. 2:19). No obstante es posible ponerse bajo estos y vivir como los incrédulos en el mundo. En efecto estaban forzando a los colosenses a vivir por el sistema del mundo colocando requerimientos ascéticos sobre ellos. Los decretos específicos citados como ejemplos (v. 21) tienen que ver con alimentos, pero estos solamente son representativos de muchas leyes. Estas leyes eran inadecuadas por tres razones. Las cosas prohibidas perecen a través del uso normal, las leyes son de origen humano, y no resuelven el problema normal, es decir los deseos de la carne.

"Solamente hay algo que le puede poner el collar en el cuello al animal dentro de

---

[132]Darrell L. Bock, "A Theology of Paul's Prison Epistles", en *A Biblical Theology of the New Testament*, p. 305.

nosotros, y es el poder del Cristo mo-
rando en el interior"[133].

Los énfasis de estos falsos maestros están aún
con nosotros hoy. El primero es "el conocimiento "más
alto" (el gnosticismo). El segundo es la observancia de
las leyes para ganarse el amor de Dios (legalismo). El
tercero es la creencia de que otros seres que no son humanos deben mediar entre las personas y Dios (misticismo). El cuarto es la práctica de abstenerse de cosas
para ganarse el mérito con Dios (ascetismo).

"Cuando hacemos a Jesucristo y a la revelación cristiana sólo una *parte* de un
sistema religioso total o una filosofía, de-
jamos de darle a Él la preeminencia.
Cuando nos esforzamos por 'perfección
espiritual' o por plenitud espiritual' por
medio de fórmulas, o rituales, retroce-
demos en lugar de avanzar. Los creyentes cristianos tienen que tener cuidado
de no mezclar su fe cristiana con tales
cosas cautivantes como el yoga, la meditación trascendental, el misticismo oriental y similares. Debemos tener cuidado
de los maestros de una "vida más profunda" que ofrecen un sistema de victoria y plenitud que sobrepasa la devoción
a Jesucristo. ¡En todas las cosas tenemos
la preeminencia!"[134].

---

[133]Alexander Maclaren, "The Epistles of St. Paul to the Colossians and Philemon", en *Expositor's Bible*, p. 255.
[134]Wiersbe, 2:104.

IV. Exhortaciones a la vida Cristiana práctica 3:1—4:6

A. El principio básico 3:1-4

Para alentar a sus lectores a que abandonaran a los falsos maestros, Pablo les recordó de su unión con Cristo. Además les estimuló a que continuaran viviendo y conservando su posición en Cristo.

3:1, 2

Una vez más, podemos traducir "si" como "ya que" (condición de primera clase). Esta introduce otra situación que Pablo asumió ser verdadera por causa de su argumento (cf. 2:20). Pablo regresó a su pensamiento acerca de la unión del creyente con Cristo en su muerte, sepultura y resurrección. (2:9-15).

Dos presentes imperativos identifican las responsabilidades cristianas: "Buscad" (v. 1) y "poned la mira en" (v. 2).

Ya que Dios nos levantó con Cristo y ya estamos sentados con Él en el cielo, debemos "mantenernos buscando" las cosas celestiales.

"La descripción de Cristo 'sentado a la diestra de Dios' es otra respuesta implícita a los que buscan disminuir el rol de Cristo como mediador, puesto que la diestra de Dios es una metáfora para el lugar de privilegio supremo y autoridad divina"[135].

---

[135]Vaughan, p. 209.

Segundo, debemos 'poner' la mira en las cosas del cielo (nuestras bendiciones y esperanza, el deseo de nuestro Salvador, etc.) más que en las cosas que son físicas y temporales. Deben ocupar un gran lugar en los pensamientos de nuestra vida.

"Usted no debe solamente buscar el cielo; usted debe *pensar* en el cielo"[136].

"...de ahora en adelante el cristiano verá todo a la luz y contra el trasfondo de la eternidad...Nunca más vivirá como si este mundo fuera todo lo que importara; verá este mundo contra el trasfondo del gran mundo de la eternidad"[137].

Este es el legítimo misticismo de Pablo. Los dos mandamientos difieren en que el primero enfatiza las búsquedas más prácticas de la vida mientras que el segundo acentúa toda la tendencia de la vida. La primera es externa y la segunda es interna.

El gobierno actual de Jesucristo en el trono de Su Padre sobre la iglesia no es el mismo gobierno sobre el trono de David sobre el reino de David.[138]

---

[136]Lightfoot, p. 209.

[137]William Barclay, *The Letter to the Philippians, Colossians and Thessalonians*, p. 177.

[138]See Cleon L. Rogers, Jr., "The Davidic Covenant in Acts-Revelation", *Bibliotheca Sacra* 151:601 (enero-marzo):81, 82; John F. Walvoord, "Biblical Kingdoms Compared and Contrasted", en *Issues in Dispensationalism*, especialmente pp. 89, 90; David A. Dean, "A Study of the Enthronement of Christ in Acts 2 and 3" (Th.M. thesis, Dallas Theological Seminary, 1992); John A. McLean, "Did Jesus Correct the Disciples' View of the Kingdom?" *Bibliotheca Sacra* 151:602 (abril-juni, 1994):215-

3:3

Nuestra vida está escondida con Cristo. Esta declaración de que el creyente murió con Cristo en el pasado (tiempo aoristo en el griego) y continúa viviendo (pretérito perfecto) sugiere tres pensamientos. Nuestra vida extrae el alimento de manantiales escondidos (cf. Juan 14:19; Fil. 3:20). Nuestra vida está tan segura como un depósito asegurado en la bóveda de un banco. Nuestra vida es una en el Cristo que está en el seno del Padre[139].

> "El aoristo es sencillamente una metáfora poderosa por el hecho de que cuando ellos creyeron en Cristo en el bautizo estaban poniendo su forma de vida anterior a la muerte habiéndola sepultado. Consecuentemente, no debe ser más un factor en su nueva forma de vida"[140].

3:4

"Cuando" indica que una revelación de Cristo en el futuro es cierta, pero su tiempo es desconocido. El griego *phaneroo* ("revelado") acentúa la exhibición abierta de Cristo en su venida. Esto es probablemente una referencia de la segunda venida. Entonces regresaremos a la tierra con el Señor y será revelado a los que vivan aquí. Esta será una revelación pública gloriosa de Él y de nosotros. Ahora nuestra vida eterna está escondida (v.3) pero entonces será manifiesta.

227; Charles C. Ryrie, *The Basis of the Premillennial Faith*, pp. 81, 82; y John F. Walvoord, *Jesus Christ Our Lord*, pp. 224-226.
[139]Johnson, 120:479:212, 213. Para ver un libro muy útil en cuanto a la identidad del cristiano en Cristo, ver a Don Matzat, *Christ-Esteem*.
[140]Dunn, p. 206.

"En Colosenses...hay un énfasis que es una escatología entendida. Dentro de la tensión *'ya-aún no'* el énfasis cae sobre el primero, llamado por las circunstancias de la carta... El 'ya' de la salvación se necesitaba para mantenerse repetidamente sobre los que estaban interesados en el reino celestial pero que tenían falsas nociones de él, creyendo que se podría alcanzar por observaciones legalistas, conocimiento, experiencias visionarias y análogas...

"Pero si el polo del 'ya' recibía el énfasis, el 'aún no' de la salvación aún se necesitaba mencionar, y aquí en el versículo 4 encontramos una clara referencia futura"[141].

En vista de este prospecto los colosenses y nosotros no necesitamos andar tras otro sistema que clama proveer más de lo que tenemos en Cristo. Dios ha provisto todo lo que necesitamos para la aceptación con Él y una vida piadosa en Cristo. Todo lo que tenemos que hacer es actuar con las implicaciones de estas verdades.

B. El método correcto 3:5-17

"3:1-4 ha provisto la perspectiva por la que la vida diaria de los cristianos colosenses se debe vivir. Ahora siguen advertencias más precisas que los deben ayudar a llevar a cabo la exhortación temática a 'andar en Él' (2:6)"[142].

Cosas para hacer a un lado 3:5-11

---

[141]O'Brien, *Colossians* . . ., pp. 171, 172.
[142]Dunn, p. 211.

Sobre la base de su posición en Cristo, Pablo instó a sus lectores a separarse se las prácticas de su forma de vida anterior. Hizo esto para facilitarles que se dieran cuenta de lo que Jesucristo podía producir en ellos y a través de ellos. Tres imperativos indican los tres puntos de Pablo: Considerarse como muertos (literalmente, poner a la muerte v. 5), poner a un lado (v.8) y no mentir (v. 9).

3:5

En vista de nuestra posición (v. 1) debemos adoptar una cierta actitud hacia la actual fase de la experiencia. Debemos convertirnos en lo que somos. La palabra clave traducida "haced morir" es un aoristo imperativo y significa "ajusticiar". Debe haber un acto decisivo inicial (tiempo aoristo) que introduce una actitud establecida (tiempo presente)[143].

"A pesar del poder de haber sido identificados con Cristo en su muerte, había aún tres cosas, parte de sus viejas vidas, hábitos de la mano y de la mente, que los ataban a 'la tierra' y obstaculizaban el establecimiento de las cosas que son de arriba"[144].

Hacer morir algo nunca es agradable.

"Esta práctica de considerar la muerte encuentra una excelente ilustración en la práctica de la jardinería del injerto. Una vez que el injerto se ha hecho en el viejo tronco el jardinero tiene cuidado de cortar cualquier brote del viejo tronco que

---

[143]Bruce, *Commentary on . . .*, p. 267.
[144]Dunn, p. 212.

pueda aparecer. Así es en la vida del creyente, ya que se le ha enrejado en el nuevo Adán y en su nueva vida, debe hacer
morir por el Espíritu cualquier producto
de su vieja vida que pueda aparecer (cf.
Rom. 8:13)"[145].

La primera lista de Pablo trata con las prácticas
sexuales[146].

Inmoralidad (gr. *porneia*) se refiere al acto sexual
ilícito.

Impureza (*akatharsia*) en cualquier forma se encuentra en perspectiva, especialmente la
impureza moral en este contexto.

Pasión (*pathos*) significa deseo ilegítimo incontro-
lado.

Malos deseos (*epithymian kaken*) significa cualquier deseo malo en sentido general.

Avaricia (*pleonexian*, literalmente, "deseo de tener
más") es cualquier deseo material incluyendo la lujuria que desatiende los derechos de otros. Es "la arrogante y cruel
suposición de que todas las personas y
cosas existen para el beneficio de
uno"[147].

3:6-9

---

[145]Johnson, 121:481:24.

[146]Listas de virtudes y vicios eran communes en el sistema ético
del mundo antiguo, y la imagen de hacer a un lado y retomar era
también muy conocida. Dunn, p. 211; O'Brien, *Colossians . . .*,
pp. 179-181. Cf. Ro. 1:29-32; 1 Cor. 5:9-11; 6:9, 10; Gá. 5:19-
23; Fil. 4:8; 1 Tim. 3:1-13; Tito 1:5-9; 1 P. 4:3; et al.

[147]G. B. Caird, *Paul's Letters from Prison*, p. 205.

Tal comportamiento traerá finalmente la ira de Dios. O sea, Dios disciplinará a los cristianos tanto como a los no creyentes que practican estas cosas. Estas cosas caracterizan normalmente a los no salvos. Los cristianos las hacen a un lado.

La frase "la ira de Dios (v. 6) es generalmente escatológica en el Nuevo Testamento y se refiere al período de la tribulación (cf. 1 Ts. 1:10; 5:9; Ro. 5:9). Probablemente esa es la referencia aquí también.

La segunda lista de Pablo trata con los pecados del habla.

Enojo (gr. *orge*) es una actitud establecida de hostilidad.

Ira (*thymos*) significa un exabrupto de pasión maligna.

Malicia (*kakia*) es mala voluntad, una disposición depravada que resulta en la herida del prójimo de uno.

Blasfemia (*blasphemia*) se refiere al habla injuriosa y maliciosa.

Palabras deshonestas (*aischrologia*) significa el habla sucia, indigna y deshonrosa.

Mentira (*pseudesthe*) se refiere al habla engañosa, distorsionada, mentirosa.

El mandamiento imperativo en contra de mentir es muy fuerte. Pablo dijo, nunca mientan. La razón dada (v. 9) se aplica a todas las actividades precedentes. El "viejo hombre" es la persona que el cristiano era antes de que Dios lo uniera con Cristo.

3:10

El "nuevo hombre" es lo que el cristiano es después de su unión con Cristo[148]. El versículo 10 describe el proceso de santificación. "El verdadero conocimiento" (*epignosis*) es la plenitud del conocimiento de Dios y de su voluntad. La santificación resulta del crecimiento a la semejanza de Cristo. Solamente por la santificación las personas pueden obtener la imagen plena de Dios y de Cristo que Dios creó para que llevaran. (Gn. 1:26-28).

3:11

No hay distinción nacional o racial que determine la aceptabilidad de Dios ni tampoco distinción religiosa, cultural o social. Jesucristo es todo lo que necesitamos para el nuevo nacimiento y el crecimiento. Él habita en todo creyente y permea todas las relaciones de la vida. "En todo" probablemente significa que Cristo es todo (cf. 1 Co. 15:28; Gá. 3:28)[149]. Un bárbaro era uno que no sabía griego; su lengua era extranjera. Los escitas se originaron en el área del mar Negro y en el área del mar Caspio, y los griegos pensaban de ellos como la clase más baja de bárbaros.

> "El Nuevo hombre vive en un ambiente donde todas las distinciones raciales, nacionales, religiosas y sociales no existen más. Más bien, Cristo es ahora todo lo que importa y en todo en el que cree. La declaración es una de las más inclusivas en el Nuevo Testamento y se sostiene ampliamente por la preeminencia de Cristo en la teología del Nuevo Testa-

---

[148]Darrell L. Bock, "'The New Man' as Community in Colossians and Ephesians", en *Integrity of Heart, Skillfulness of Hands*, pp. 158-160, argumenta que "the new man (el nuevo hombre)" se refiere a la iglesia, el cuerpo de Cristo.

[149]Ver a C. F. D. Moule, *The Epistles . . .*, pp. 121,122.

mento. Es una declaración particularmente apropiada para los colosenses y
ofrece una declaración sumaria excelente
de las enseñanzas de la carta. Hay tres
áreas, relevantes a los colosenses, en las
que Él les es todo. Él les es todo en la
salvación; Por consiguiente no hay lugar
para la mediación angélica en la obra re-
dentora de Dios (cf. 1:18-22; 2:18). Él es
todo en la *santificación*; por tanto el legalismo y el ascetismo están fuera de lugar
en la vida cristiana (cf. 2:16-23). Él es
nuestra vida (3:3, 4). Finalmente, Él es
todo lo necesario para la *satisfacción* humana; por lo tanto no hay necesidad de
la filosofía o de las obras del viejo hombre (1:26-28; 2:3, 9, 10). Él llena toda la
vida, y todo lo demás es inhibidor y da-
ñino"[150].

Cosas que ponerse 3:12-17

Pablo no solo instó a sus lectores a despojarse del comportamiento que es inapropiado a su unión con Cristo
sino que además se vistieran con actitudes que son
apropiadas. Lo hizo para completar el entendimiento de
sus responsabilidades cristianas.

"El énfasis en esta sección está en los *motivos*. ¿Por qué
debemos deshacernos de las viejas obras y ponernos las
cualidades de la nueva vida? Pablo explicó cuatro motivos que deben alentarnos para caminar en la nueva vida
(Ro. 6:4)"[151].

---

[150]Johnson, 121:481:28.
[151]Wiersbe, 2:137.

3:12-14

Pablo les recordó a los colosenses quiénes eran ellos porque la apreciación de quién es uno afecta cómo nos comportamos. Dios ha seleccionado especialmente a los creyentes, los ha separado para grandes cosas, y los ha hecho objetos de su amor. En vista de estos privilegios las características siguientes son más que razonables.

Compasión (gr. *splanchna oiktirmou*) muestra sensibilidad a los que sufren y están necesitados.

Benignidad (*chrestotes*) se manifiesta en una disposición de tratos interpersonales dulces y juiciosos

Humildad (*tapeinophrosyne*) significa tener un punto realista de uno mismo, "pensando modestamente de nosotros porque lo somos"[152].

Mansedumbre (*prautes*) significa no comportarse de forma áspera, o arrogantemente o agresivamente, sino con consideración para con otros.

Paciencia (*makrothymia*) es la cualidad de ser pacientes, constreñidos. Las dos cualidades siguientes amplían el pensamiento de la paciencia.

Continencia (*anechomenoi*) significa soportar a los otros y sobrellevar la dolencia.

Perdón (*charizomenoi*) involucra no guardar rencor o queja.

Amor (*agape*) signifia hacer por otra persona lo que es mejor.

---

[152]C. J. Ellicott, *A Critical and Grammatical Commentary on St. Paul's Epistles to the Philippians, Colossians, and to Philemon*, p. 190.

Note que todos estos aspectos tratan con las relaciones interpersonales del creyente. En esta área de la vida, especialmente la vida de Cristo debe ser visible en nosotros. El amor es la virtud cristiana soberanamente importante. Debemos usarlo por sobre todas las demás prendas en esta fisonomía como un cinto que mantiene las otras en su lugar.

3:15
Cuatro imperativos en los versículo 15-17 identifican los preceptos que los creyentes deben seguir. El primero de estos es "que gobierne". Cuando los cristianos necesitan hacer elecciones, la paz que Cristo produce en nuestros corazones debe ser un factor determinante[153]. Debemos elegir lo que resulte en paz entre nosotros y Dios, y entre nosotros con los demás, si tal curso de acción yace en la voluntad moral de Dios. (cf. Jn. 14:27).

"Esta directiva forma, con la palabra de Dios y el testimonio del Espíritu que mora dentro, uno de los principios más importantes de la guía en la vida cristiana"[154].

Cuando estos tres indicadores se alinean nos podemos mover hacia adelante confiadamente.

La realización de la unidad del cuerpo y la paz de Cristo resultan en un agradecimiento que debe marcar nuestro comportamiento. El segundo imperativo es 'sed agradecidos'".

3:16

---

[153]Lightfoot, p. 221.
[154]Johnson, 121:481:30, 31.

El tercer imperativo es "more". La "palabra de Cristo", que se usa solamente aquí en el Nuevo Testamento, es las enseñanzas de Cristo, no solamente durante su ministerio terrenal sino también en toda la Escritura. Su palabra debe permear todo nuestro ser para que podamos tomar todas las decisiones en su luz.

> "... como los rabíes más adelante señalaron, el que habita en una casa es el dueño de la casa, no solamente un invitado pasajero... "[155].

> "De esa manera nos debemos someter a las exigencias del mensaje cristiano y dejar que se implante tan profundamente dentro de nosotros para que controle todo nuestro pensar"[156].

> "Muchas personas salvas no pueden decir honestamente que la palabra de Dios mora ricamente en su corazón porque no toman el tiempo para leerla, estudiarla y memorizarla"[157].

La enseñanza es la impartición de la verdad, y la admonición es la advertencia en contra del error. Debemos realizar estas actividades gozosamente y con cántico. "Los Salmos" probablemente se refiere a los Salmos inspirados del Antiguo Testamento. La palabra "salmos" implica que los creyentes los cantaban con acompañamiento musical. Los himnos son canciones de alabanza y de acciones de gracias a Dios. Los cantos espirituales probablemente se refieren a expresiones de

---

[155]Dunn, p. 236.
[156]Vaughan, p. 216.
[157]Wiersbe, 2:140.

experiencia cristiana aplicadas a la música. Agradecimiento a Dios es marcar nuestro cántico también (cf. v. 15).

"Frecuentemente se ha advertido que el pasaje de Colosenses es paralelo con el de Efesios 5:18-20. En el último pasaje los himnos y los cánticos son la consecuencia natural de la llenura del Espíritu, mientras que en Colosenses son el resultado de la profunda asimilación de la Palabra de Dios. En otras palabras, el cristiano lleno de la Palabra es un cristiano lleno del Espíritu, y el examen de los dos pasajes nos librarían de una gran cantidad de errores en este asunto. Un énfasis indisciplinado en el Espíritu Santo se acompaña muy frecuentemente por una enseñanza superficial en la Palabra de Dios"[158].

3:17
Este versículo cubre todos los otros pensamientos y acciones.

"El NT no contiene un código detallado de reglas para el cristiano, como las que se elaboraron con una particular siempre creciente en la casuística rabínica. Los códigos de la reglas, como los explica Pablo en otra parte (p. ej., en Gá. 3:23— 4:7), eran apropiados para el periodo de inmadurez cuando él y sus lectores estaban todavía bajo ayo; el hijo que ha venido a años de responsabilidad conoce la

---

[158] Johnson, 121:481:32.

voluntad del padre sin tener que proveérsele de una lista de "haz" y "no hagas"'. Lo que el N.T. sí provee son los principios básicos de la vida cristiana que se pueden aplicar a todas las situaciones de la vida cuando salen a colación (cf. 1 Cor. 10:21)"[159].

El principio básico, opuesto a un conjunto de reglas, es este. Debemos decir todas las palabras y practicar todas las obras en armonía con la revelación de Jesucristo, a saber bajo su autoridad y como sus seguidores. El "nombre" comprende todo lo revelado y conocido de una persona que lleva el nombre. Aún más, tenemos que hacer todo con acciones de gracias a Dios. El cuarto imperativo está implícito en el texto griego, pero los traductores lo han suplido en el texto español: "hacedlo".

Cuando se enfrentaba con una pregunta de lo que el cristiano debía hacer, Pablo enseñó que sencillamente debemos preguntarnos qué conducta debería ser la apropiada para uno que se identifica con Cristo. Este enfoque es grandemente diferente del legal que provee un mandamiento específico para cada situación. En este contraste vemos una diferencia básica entre el Nuevo y el Viejo Pacto.

C. Las relaciones fundamentales 3:18—4:1

Seguidamente Pablo estableció ciertos principios para guiar a sus lectores en sus relaciones interpersonales más importantes. Hizo esto para facilitarles que entendieran qué conducta es consistente con la unión con Cristo en estas relaciones. Esta es una de las listas de "las reglas

---

[159]Bruce, *Commentary on . . .*, p. 285.

que rigen la casa" en el Nuevo Testamento (cf. Ef.
5:22—6:9; 1 Ti. 2:8-15; 6:1, 2; Tit. 2:1-10; 1 P. 2:18—
3:7)[160].

> "...las primeras iglesias eran todas 'igle-
> sias en casas' (ver 4:15), para que el mo-
> delo del grupo familiar proveyera un
> precedente de una iglesia bien regi-
> da..."[161].

El apóstol agrupó seis clases de personas en tres
parejas en los siguientes versículos. En cada pareja pri-
meramente se dirigió al miembro subordinado y luego al
que estaba en autoridad. Recuerde que Pablo estaba ha-
blándoles a las personas que estaban en Cristo en cada
caso.

Esposas y Esposos 3:18, 19 (cf. Ef. 5:22-33)

3:18
Pablo no dijo que todas las mujeres debían estar sujetas
a todos los hombres, sólo que las esposas debían estarlo
a sus propios esposos.

> "La exhortación no se debe debilitar en
> la traducción en deferencia a las sensibi-
> lidades modernas (cf. una vez más 1 Co.
> 14:34...). Pero no se debe exagerar su

---

[160]Los escritos de algunos padres apostólicos también contienen
tales listas. Ver a O'Brien, *Colossians* . . ., pp. 214-219, para una
discusión de ellas.   Lutero se refiere a estas secciones como
Haustafeln, y algunos estudiosos todavía usan este término técnico cuando se refieren a estas listas.
[161]Dunn, p. 245.

significado; 'sujeción' significa 'subordinación', no avasallamiento'"[162].

Esta sujeción descansa en la autoridad divina prescrita, no en cualquier inferioridad inherente en espiritualidad, inteligencia, valía o cualquier otra cosa. Esto es 'apropiado' en que es consistente con lo que Dios ordenó en la creación de la raza humana (Gn. 2:18).

> "El pensamiento de este pasaje se mueve en el dominio del *respeto* por la posición y el lugar de otro, no en el dominio de la inferioridad"[163].

> La sumisión es "una actitud que reconoce los derechos de autoridad. Su principal pensamiento (el de Pablo) es que la esposa debe diferir a, o sea, estar deseosa de tomar el segundo lugar, al de su esposo"[164].

3:19

Los esposos tienen dos responsabilidades hacia sus esposas. Primero, deben amarlas antes que tratarlas como subordinadas. Amar aquí involucra hacer lo que es mejor para la amada, sacrificando intereses propios para los que se aman (cf. Jn. 15:13), y comportarse desinteresadamente (1 Co. 13). La palabra griega traducida "amar"

---

[162]Ibídem., p. 247. Cf. Ralph P. Martin, *Colossians and Philemon*, p. 119; W. Schrage, *The Ethics of the New Testament*, p253.

[163]Johnson, 121:482:109. Ver a Anthonie von den Doel, "Submission in the New Testament", *Brethren Life and Thought* 31:2 (primavera, 1986):121-125; y Paul S. Fiddes, "'Woman's Head is Man' A Doctrinal Reflection upon a Pauline Text", *Baptist Quarterly* 31:8 (octubre, 1986):370-383.

[164]Vaughan, p. 218.

es *agapao*, "la clase de amor que lo da todo, no *phileo*, la clase de amor de dar y recibir" ni *erao*, la clase de "recibirlo todo".

Segundo, los esposos no deben permitir que una actitud de amargura se desarrolle hacia sus esposas debido a la falta de sumisión de su esposa o por cualquier otra razón. "Amargado" significa irritado o enojado. Esta actitud es una manifestación de falta de amor muy específica y común.

Hijos y padres 3:20, 21 (cf. Eph. 6:1-4)

3:20

Los hijos deben obedecer (*hypakoute*) a ambos padres. La palabra griega para obedecer implica presteza a escuchar y a llevar a cabo las instrucciones paternales. La palabra griega para hijos (*tekna*) significa jóvenes en contraste con bebés y niños. "Todas las cosas" es el principio general y cubriría el 99% de los casos involucrados en un hogar cristiano. Sin embargo todo cristiano es primariamente responsable ante el Señor, por supuesto. Consecuentemente si el padre exige que el hijo desobedezca al Señor, el hijo debe obedecer a Dios antes que al hombre (Hch. 4:19; 5:29; Ef. 6:1). La razón para que los hijos deban complacer a sus padres al obedecerlos es que su comportamiento complazca al Señor (cf. Éx. 20:12).

3:21

Mientras que los hijos deben obedecer a los padres, el padre (*pateron*) tiene la responsabilidad principal por sus hijos como cabeza de su casa. Por esta razón Pablo se dirigió a los padres aquí. Lo que está en perspectiva aquí es la habitual provocación a los hijos por padres insensibles. Alguna provocación es necesaria en la disciplina, pero la irritación sin cesar hace que los hijos se conviertan en hoscos, apáticos y desalentados.

"Pablo pudo haber tenido en mente el régimen de "los no" que surgían tanto en la herejía colosense"[165].

Esclavos y amos 3:22—4:1 (cf. Ef. 6:5-9)

3:22

Probablemente Pablo hizo esta sección más larga que las dos precedentes porque envió esta epístola a Colosas con la epístola a Filemón. Onésimo, el esclavo fugitivo, las llevaba[166]. Aún más, pudo haber habido más esclavos que amos en las iglesia de Colosas (cf. 1 Co. 1:26). La fricción inherente en esta situación probablemente exigía comentarios extensos sobre las relaciones amosesclavos en el cuerpo de Cristo y en esta iglesia en particular. Advierta además que Pablo no argumentó la abolición de la esclavitud sino que instó a los cristianos a que se comportaran como cristianos en esa estructura social.

"...a los que viven en democracias modernas (cf. 1 Co. 1:26), en los que grupos de intereses pueden esperar ejercer presión política cabildeando intensivamente, deben recordar que en las ciudades de los días de Pablo la gran masa de cristianos no hubiera tenido posibilidad alguna de ejercer presión política alguna por una política o reforma en particular. En tales circunstancias una quietud pragmática era el medio más efectivo para ganar

---

[165]Ibídem., p. 219.
[166]Johnson, 121:482:109, 113; Lightfoot, p. 226.

espacio suficiente para desarrollar la calidad de relaciones personales que se establecerían y desarrollarían el microcosmos (las iglesias) de comunidades transformadas"[167].

La perspectiva de Pablo era esta. Es más importante para los cristianos que llevemos a cabo nuestra misión como cristianos en cualesquiera condiciones sociales que nos encontremos, que tener como foco de atención el hacer que cambien esas condiciones (cf. Mt. 28:19, 20; 1 Co. 7:20-22)[168]. "Terrenales" significa en su relación física.

Los esclavos en el imperio Romano eran similares a los siervos domésticos en Bretaña victoriana[169].

3:23-25

Los esclavos deben hacer su trabajo primariamente para el Señor. Esta perspectiva de trabajo transforma las actitudes y el desempeño del trabajador. Por ella, aún la obra más servil se convierte en un ministerio y en un acto de adoración. El Señor recompensará tal servicio con una herencia (1 Co. 4:5; Ap. 22:12). ¡Imagínese un esclavo recibiendo una herencia!

> "La herencia es una recompensa que se recibe como "paga" por el trabajo hecho. Nada puede ser más claro. El contexto está hablando de la restitución que un hombre debe recibir debido a su trabajo, como una' relación empleador-empleado. La herencia se recibe como

---

[167]Dunn, p. 253.

[168]See Wiersbe, 2:144.

[169]Dunn, p. 252.

resultado del trabajo; no vine como un regalo; el griego *antapodosis* significa reintegro o recompensa. El verbo *antapodidomi* nunca significa recibir como regalo; siempre se usa en el Nuevo Testamento en relación con el reintegro debido a una obligación"[170].

La revelación del Nuevo Testamento concerniente a la herencia que los creyentes pueden merecer por la perseverancia en la fe y en las buenas obras es extensiva[171]. Algunos pasajes indican que involucra la participación en el banquete de boda al inicio del reino mesiánico (p. ej., Mt. 25; et al.). Otros presentan la herencia como una honorable resurrección. (Lucas 20:35; Fil. 3:10-14). Aún otros pasajes la presentan en el sentido de reinar con Cristo (Mt. 19:27, 28; Lucas 19:17-19; 22:28-30; Ro. 8:17-21) o como un tesoro en el cielo (Mt. 6:19-21, 29; 19:21; Lucas 12:32, 33; 1 Ti. 6:17-19). Además involucra recibir la alabanza y el honor de Jesucristo y del Padre (Mt. 6:1, 5, 16; 25:21; Juan 12:26; 1 Co. 4:5; 1 P. 1:6, 7; 2 P. 1:10, 11). De estos honores se habla a menudo como coronas. (Fil. 4:1; 1 Co. 9:24-27; 1 Ts.

---

[170]Joseph C. Dillow, *The Reign of the Servant Kings*, p. 68. See also O'Brien, *Colossians . . .*, p. 231.

[171]Todos los creyentes recibirán mucha herencia sencillamente porque dios elige otorgársela a todos. (cf. Juan 3:3, 5, 16, 36; Ro. 5:1, 9; 8:1, 31-39; 1 Co. 15:53-57; 1 Ts. 1:10; 4:13-17; 1 P. 1:9). No obstante los creyentes que se mantienen fieles al Señor recibirán aún más herencia (cf. Mt. 5:12, 46; 6:1, 2, 4, 5, 6, 16, 18; 10:41, 42; 16:27; 25:21, 23; Mr. 9:41; Lucas 6:23, 35; 19:17, 19; Jn. 12:26; 15:14; 1 Cor. 3:8, 14; 6:9; 9:16-18, 25, 27; 2 Cor. 5:9-11; Gá. 5:21; Ef. 5:5; Fil. 4:1; Col. 3:24; 1 Ts. 2:19; 1 Ti. 4:14; 5:18; 2 Ti. 2:5, 12; 4:8; He. 11:6; Santiago 1:12; 1 P. 1:7; 5:4; 2 Jn. 8; Ap. 2:7, 10, 11, 12, 21, 26, 27; 11:18; 22:12).

2:19; 2 Ti. 4:6-8; Santiago 1:12; 1 P. 5:1-4; Ap. 2:10; 4:9, 10).[172]

4:1

Los dueños deben recordar que ellos también tienen un Dueño. Esta perspectiva debe transformar cómo miran y tratan a sus esclavos. De forma interesante a través de la historia cuando los cristianos han constituido un segmento de la población y han seguido las direcciones de Pablo aquí, el sistema esclavista ha muerto. Los principios en estos versículos (3:22—4:1) son, por supuesto, aplicables a las relaciones empleadores-empleados también.

El hecho de que la palabra "Señor" aparezca frecuentemente (siete veces) in 3:18—4:1 acentúa la importancia de aplicar el señorío de Cristo en nuestras relaciones interpersonales.

"Se debe recordar que, mientras que todos los cristianos están al mismo nivel en el Señor, hay aún esferas en las que la subordinación se debe reconocer. De hecho hay tres esferas en las que los creyentes deben vivir. (a) En Cristo (b) en la casa; (en la iglesia); (d) en el estado. En Cristo no hay diferencia entre judío y griego, esclavos y libres o varones o hembras (Gá. 3:28). En la casa, mientras que hay una igualdad espiritual intrínseca, hay distinciones. El esposo es la cabeza de la esposa (Ef. 5:23), y los hijos deben obedecer a ambos (6:1; cf. Col. 3:20), el Señor es la suprema ilustración (Lucas 2:51). El esclavo también es-

---

[172]Ver ibídem. pp. 551-83.

tá sujeto a su amo (Tito 2:9; 1 P. 2:18).
En la iglesia todos están sujetos a la su-
pervisión de los ancianos (1 Ts. 5:12; He.
13:7), y al Señor (Ef. 5:24). En el estado
aun los creyentes, aunque los hijos de
Dios y los ciudadanos celestiales, están
sujetos a las autoridades seculares y a los
estatutos terrenales (Ro. 13:1; Tit. 3:1; 1
P 2:13)"[173].

D. La práctica esencial 4:2-6

Pablo concluyó sus exhortaciones en lo concerniente a
la vida cristiana con instrucciones pertinentes a tres
prácticas esenciales para los que están en Cristo. Él quería imprimir su importancia en sus lectores. Una exhortación trataba con la relación de sus lectores con Dios,
otra trataba de su relación con otras personas y la tercera hacia uno mismo.

4:2
La práctica más importante de perpetuar en relación con
Dios es la oración. Eso es así porque en la oración con-
vocamos a Dios para obrar, y expresamos nuestra fe en
Él. A través de esta epístola el énfasis de Pablo ha estado en la unión del creyente con Cristo y la completa suficiencia que esa unión produce. El cristiano que no ora
está demostrando independencia de Dios (cf. Jn. 15:5).
Es solamente al pedirle a Dios que obre que cumplirá
muchas cosas (Stg. 4:2). Consecuentemente Pablo estimuló a sus lectores a que se consagraran a la oración,
que le dieran una atención constante. Quizá el mayor
problema que enfrentamos cuando sí oramos es la con-

---

[173]Johnson, 121:482:109, 110.   See E. Glenn Hinson, "The
Christian Household in Colossians 3:18—4:1", *Review and Expositor* 70:4 (Otoño, 1973):495-506.

centración. Por lo tanto Pablo les recordó a sus lectores que se mantuvieran alertas en la oración y que expresaran gratitud siempre en vista de la bondad de Dios y la gracia a ellos[174].

> "La exhortación acompañante a 'mantenerse despiertos, estar alertas' (*gregoreo*), se toma de los simbolismos del turno de vigilancia. (Neh. 7:3; 1 Mac. 2:27; Mar. 14:34, 37) ..."[175].

El énfasis repetido en la acciones de gracias hace de esta epístola uno de las más "agradecidos" libros del Nuevo Testamento. (cf. 1:3, 12; 2:7; 3:17; 4:2).

4:3, 4

Pablo pidió la intersección de sus lectores por dos asuntos en particular. Les pidió que oraran para que Dios les diera a él y a sus compañeros oportunidades para el evangelismo y la edificación. Además pidió que cuando estos llegaran él pudiera presentar el evangelio de forma clara[176]. "El misterio de Cristo" (v. 3; 1:26, 27) es el evangelio, especialmente que los judíos y los gentiles tengan una oportunidad igual de salvación. Pablo tenía mayor preocupación por llevar el evangelio de lo que tenía de salir de la cárcel.

4:5

Con respecto a la relación de sus lectores con los no creyentes, Pablo aconsejó el uso de la sabiduría como lo más importante. Esto involucra vivir la vida a la luz de

---

[174]See Howard Tillman Kuist, "Zest for Prayer", *Theology Today* 11 (1954):48-52; Thomas L. Constable, *Talking to God: What the Bible Teaches about Prayer*, pp. 65, 66.

[175]Dunn, p. 262.

[176]C. F. D. Moule, *The Epistles* . . . , p. 132.

la revelación de Dios y entonces aplicar este conocimiento a las situaciones particulares (1:9). La palabra griega traducida "oportunidad" (*kairos*, literalmente: tiempo) probablemente implica el tiempo oportuno, como es en otros lugares. La oportunidad en perspectiva de llevar a otros a una unión completa con Cristo (cf. v. 3).

4:6
Pablo pasa de ocuparse de la manera en que sus lectores se conducen a la manera en que ellos se expresan. Lo más importante que se debe recordar en relación con las propias prácticas del lenguaje de los colosenses involucraba su forma de expresarse. El lenguaje expresa más eficientemente lo que está dentro del creyente. El lenguaje del cristiano debe reflejar el carácter de gracia y la conducta de su Dios demostrando amor, paciencia, sacrificio, favor inmerecido, etc. La sal probablemente representaba atracción, ya que la sal hace que la comida sea atractiva y saludable, ya que la sal era un preservante que retardaba la descomposición en los alimentos (cf. Mt. 5:13; Mr. 9:50; Ef. 4:29). Además uno debe satisfacer sabiamente su necesidad del lenguaje a cada necesidad. Las palabras "sazonada con sal" se refieren al lenguaje agudo en el griego clásico, pero Pablo probablemente quiso decir lenguaje atractivo y sano en vista de otros usos bíblicos del término sal[177].

Estas tres exhortaciones en los versículos 2-4, 5 y 6 son extremadamente importantes y merecen más atención de los cristianos de lo que normalmente reciben.

V. CONCLUSIÓN 4:7-18

---

[177]Johnson, 121:484:314, 315.

Pablo concluyó esta epístola con informaciones e instrucciones personales. Hizo esto para unir a sus lectores más fuertemente al cuerpo de Cristo, del que estaban en peligro de separarse debido a la influencia de los falsos maestros.

A. Los portadores de esta epístola 4:7-9

4:7, 8

Pablo envió a Tíquico con esta carta por dos propósitos primarios. Quería proveer más información de él y de su ministerio actual que se sintió guiado a escribir en esta carta. Además quería alentar a los colosenses. En relación con todos los otros cristianos, Tíquico era un amado hermano. En relación con Cristo era un fiel siervo. En relación con Pablo era un compañero de prisión, como prisionero de Roma o de la voluntad de Dios. El nombre Tíquico aparece cinco veces con Pablo en el Nuevo Testamento   (Hch. 20:4; Ef. 6:21; Col. 4:7; Tit. 3:12; 2 Ti. 4:12).

> "Alguien dijo que la mayor habilidad en el mundo es confiabilidad, y esto es cierto"[178].

4:9

Onésimo había sido un esclavo en la casa de Filemón y miembro de la iglesia colosense; se había escapado a Roma y Pablo lo había guiado a Cristo ahí. Pablo lo envió de regreso a Colosas con Tíquico, no en cadenas sino como un amado hermano en Cristo que había probado ser fiel. (cf. Flm).

---

[178]Wiersbe, 2:149.

Estos hombres viajaron desde Roma hasta Colosas, probablemente en el camino de Éfeso y Laodicea, con la epístola a los efesios (Ef. 6:21, 22). Además, probablemente llevaban una a los de Laodicea. (cf. v. 16), y la epístola a Filemón, así como también esta epístola.

B. Saludos de pablo a sus compañeros 4:10-14

Pablo mencionó seis individuos, cinco de los cuales además mencionó en Filemón.

4:10

Aristarco venía de Tesalónica (Hch. 20:4), había estado con Pablo en Éfeso (Hch. 19:29), y lo acompañó a Roma (Hch. 27:2). "Prisionero" (v. 10) es la traducción de una inusual palabra griega (literalmente: prisionero de guerra). Probablemente significa prisionero de la voluntad de Dios antes que de César. (cf. Flm. 23).

Juan Marcos (Hch. 12:25) se había vuelto a reunir con Pablo después de su separación durante el primer viaje misionero de Pablo (Hch. 13:5, 13). Los colosenses conocían mejor a su primo Bernabé. Este Marcos escribió el evangelio que lleva su nombre (cf. 2 Ti. 4:11).

> "Juan Marcos es un aliento para todos los que han fallado en sus primeros intentos de servir a Dios. No se sentó y se contrarió. Regresó al ministerio y se probó fiel al Señor y al apóstol Pablo"[179].

4:11

El nombre de Jesús Justo tiene lugar sólo aquí en el Nuevo Testamento.

---

[179]Ibid., 2:150.

Estos tres hombres eran judíos cristianos como está claro por sus nombres. Su mención por Pablo ayudó a los colosenses a que se dieran cuenta de que lo que había escrito acerca de los judíos y gentiles, de que eran iguales en Cristo, era una realidad en su ministerio. El "reino de Dios" aquí probablemente se refiere al futuro gobierno mesiánico (milenial) de Cristo en la tierra (cf. 1:13). Estos compañeros de trabajo se estaban preparando para ese futuro reinado por su servicio actual.

4:12, 13

Los siguientes tres compañeros de trabajo tenían trasfondos gentiles. Epafras había sido evidentemente un instrumento en la fundación de la iglesia en Colosas (1:7). Su preocupación por los colosenses está clara por sus celosas oraciones por su madurez y por su percepción completa de la voluntad de Dios para ellos. Estas preocupaciones son la carga de esta epístola. La ferviente agonía en la oración de Epafras (cf. Lc. 22:44) refleja su comprensión de que Dios proveería iluminación y crecimiento continuo en proporción a lo que las personas se lo pidieran (Stg. 4:2). Esta es la obra espiritual que sólo Dios puede hacer. La preocupación de Epafras por los cristianos en los otros pueblos cerca de Colosas sugiere la posibilidad de su evangelización en estas comunidades.

"Epafras mantiene la única distinción entre todos los amigos y colaboradores de Pablo de ser el único que Pablo recomendó explícitamente por su ministerio intensivo de oración. Al pasaje citado arriba [4:12, 13] bien se le puede llamar su diploma de éxito en este ministerio"[180].

"Epafras captó, lo que muchos de nosotros tardamos en darnos cuenta, que las tácticas de la batalla del cristiano nacen de la estrategia de la oración"[181].

"Hay muchas cosas fuera del poder del pueblo cristiano común, y una gran posición, una amplia influencia, una habilidad sobresaliente puede adolecer en la mayoría de todos nosotros, pero el más humilde, el cristiano menos significativo puede orar, y como 'la oración mueve la mano del que mueve el mundo', quizá el poder mayor que podamos ejercer viene a través de la oración"[182].

"Se narra acerca de un viejo pastor al que todos los domingos por la tarde se podía ver saliendo de su estudio y entrando a su iglesia por la puerta de atrás, y cerca de la puesta del sol se le veía yendo a casa. La curiosidad de alguien se despertó lo suficiente como para seguirlo un día y mirar a través de la ventana. Fue en los días en que la banca de familia era una institución de la iglesia. Se vio al viejo pastor arrodillarse en cada banca y orar por todos los miembros de la familia que la debía ocupar en el día del

---

[180]D. Edmond Hiebert, *Working With God: Scriptural Studies in Intercession*, p. 77.
[181]Harrington C. Lees, *St. Paul's Friends*, p. 157.
[182]W. H. Griffith Thomas, *Christ Pre-Eminent*, p. 191.

Señor. Llamaba a cada miembro por su nombre mientras derramaba su corazón a Dios por su rebaño. El de él era un ministerio de poder y su pueblo reflejaba la gracia de Dios sobre ellos. Bendita es esa iglesia que tiene tal pastor de oración"[183].

4:14

Pablo identificó a Lucas, el escritor del tercer evangelio y de Los Hechos, sólo como un médico.

"En este tiempo la medicina sólo comenzaba a convertirse en un asunto de instrucción sistemática"[184].

Lucas debió haber sido útil a Pablo desde el punto de vista físico y espiritual.

Mas tarde abandonó a Pablo (2 Tim. 4:10), pero esta vez estaba ministrándole a su pueblo.

C. Saludos a Otros 4:15-17

4:15

Además de los cristianos vecinos de Laodicea, Pablo le envió saludos a Ninfa, posiblemente la anfitriona de la casa-iglesia de Laodicea. No hay evidencia de que los cristianos se reunieran en edificios hasta el tercer siglo[185]. Los cristianos primitivos parece que habían esco-

---

[183]Hiebert, p. 83. Ver además ídem, "Epaphras, Man of Prayer," *Bibliotheca Sacra* 136:541 (enero-marzo, 1977):54-64.
[184]Dunn, p. 283. Ver *The Oxford Classical Dictionary*, s. v. "Medicine", p. 662.
[185]Lightfoot, p. 241.

gido sus lugares de reunión sobre la base de la conveniencia y viabilidad.

4:16

La carta de Pablo a los de Laodicea probablemente no era inspirada y evidentemente se ha perdido. (cf. 1 Cor. 5:9). Esto parece ser más probable a que Pablo se estaba refiriendo a la Epístola a los Efesios aquí[186].

4:17

Arquipo parece haber sido el hijo de Filemón (Flm. 2). Quizá era un joven talentoso a quien Pablo quería alentar. La idea de que era el líder de la iglesia colosense de entonces es sólo una posibilidad que algunos comentaristas han sugerido.

D. Conclusión Personal de Pablo 4:18

Pablo normalmente usaba un secretario para escribir sus cartas y luego les añadía una palabra al final con su propia letra para autentificar su autoría (cf. Ro. 16:22). Aquí él pidió las oraciones de sus lectores por él en su arresto domiciliario en Roma (cf. vv. 3, 4). Finalmente deseó que el favor inmerecido de Dios fuera su porción (cf. 1:2).

¿Por qué Pablo incluyó tantas referencias personales a amigos y conocidos en esta epístola? Quizá nunca había visitado a estos cristianos y sólo lo conocían por reputación (cf. 2:1). Ya que vivió y ministró en Asia Menor por tres años probablemente tenía contacto personal con algunos de los santos en Colosas. Evidente-

---

[186]Para una discusión de esta teoría, ver las introducciones al Nuevo Testamento y a comentarios sobre Efesios 1:1.

mente envió muchos saludos personales porque tenía muchos amigos en Colosas[187].

---

[187]Pablo envió además muchos saludos a los cristianos en Roma aunque no había visitado Roma cuando escribió su epístola a ellos (cf. Rom. 16).

Bibliografía

Abbott, T. K. A *Critical and Exegetical Commentary on the Epistles to the Ephesians and to the Colossians*. International Critical Commentary series. Edinburgh: T. and T. Clark, 1897.

Barclay, William. *The Letter to the Philippians, Colossians and Thessalonians*. Daily Study Bible series. 2nd ed. and reprint ed. Edinburgh: Saint Andrew Press, 1963.

Barrett, Michael P. V. "Complete in Christ". *Biblical Viewpoint* 13:1 (April 1979):27-32.

Baugh, Steven M. "The Poetic Form of Col. 1:15-20". *Westminster Theological Journal* 47:2 (Fall 1985):227-244.

Baxter, J. Sidlow. *Explore the Book*. 6 vols. London: Marshall, Morgan & Scott, 1965.

Beare, F. W. *The Epistle to the Colossians*. Interpreter"s Bible series. New York: Abingdon, 1955.

Bedale, Stephen. "The Meaning of *kephale* in the Pauline Epistles". *Journal of Theological Studies* NS5 (1954):211-215.

Bigg, Charles A. *The Messiah of the Apostles*. Edinburgh: T & T Clark, 1895.

Bock, Darrell L. "'The New Man' as Community in Colossians and Ephesians". In *Integrity of Heart, Skillfulness of Hands*, pp. 157-167. Edited by Charles H. Dyer and Roy B. Zuck. Grand Rapids: Baker Book House, 1994.

_____. "A Theology of Paul's Prison Epistles". In *A Biblical Theology of the New Testament*, pp. 299-331. Edited by Roy B. Zuck. Chicago: Moody Press, 1994.

Bruce, F. F. "Colossian Problems". *Bibliotheca Sacra* 141:561 (enero-marzo, 1984):3-15; 562 (abril-junio, 1984):99-111;

563 (julio-septiembre, 1984):195-208; 564 (octubre-diciembre, 1984):291-302.

_____. *Commentary on the Epistle to the Colossians* in *Commentary on the Epistles to the Ephesians and to the Colossians* by E. K. Simpson and F. F. Bruce. New International Commentary on the New Testament series. Grand Rapids: Wm. B. Eerdmans Publishing Co., 1968.

Caird, G. B. *Paul's Letters from Prison.* New Clarendon Bible series. Oxford: Oxford University Press, 1976.

Carson, Herbert M. *The Epistles of Paul to the Colossians and Philemon.* Tyndale New Testament Commentaries series. Reprint ed. Grand Rapids: Wm. B. Eerdmans Publishing Co., 1978.

Constable, Thomas L. "Analysis of Bible Books--New Testament". Paper submitted for course 686 Analysis of Bible Books--New Testament. Dallas Theological Seminary, January 1968.

_____. *Talking to God: What the Bible Teaches about Prayer.* Grand Rapids: Baker Book House, 1995.

Darby, John Nelson. *Synopsis of the Books of the Bible.* 5 vols. Revised ed. New York: Loizeaux Brothers Publishers, 1942.

Dean, David A. "A Study of the Enthronement of Christ in Acts 2 and 3". Th.M. thesis, Dallas Theological Seminary, 1992.

Deissmann, Adolph. *Bible Studies.* Translated by A. Grieve. Edinburgh: T. & T. Clark, 1901.

Dictionary of the Apostolic Church. Edited by James Hastings. 1915 ed. S. v. "Colossians, Epistle to the," by L. W. Grensted.

Dictionary of the Bible. Edited by James Hastings. 1910 ed. S. v. "Colossians, Epistle to the," by J. O. F. Murray.

Dillow, Joseph C. *The Reign of the Servant Kings*. Miami Springs, Fl.: Schoettle Publishing Co., 1992.

Dunn, James D. G. *The Epistles to the Colossians and to Philemon: A Commentary on the Greek Text*. The New International Greek Testament Commentary series. Grand Rapids: Wm. B. Eerdmans Publishing Co., and Carlisle, England: Paternoster Press, 1996.

Eadie, John. *Commentary on the Epistle to the Colossians*. Classic Commentary Library series. N.c.: Richard Griffin and Co., 1856; reprint ed., Grand Rapids: Zondervan Publishing House, 1957.

Ellicott, Charles J. *A Critical and Grammatical Commentary on St. Paul's Epistles to the Philippians, Colossians, and to Philemon*. Andover, Mass.: Warren F. Draper, 1876.

Ellis, E. Earle. "The Epistle to the Colossians". In *Wycliffe Bible Commentary*, pp. 1333-1346. Edited by Charles F. Pfeiffer and Everett F. Harrison. Chicago: Moody Press, 1962.

Fiddes, Paul S. "'Woman's Head Is Man' A Doctrinal Reflection upon a Pauline Text". *Baptist Quarterly* 31:8 (October 1986):370-83.

Fruchtenbaum, Arnold G. "Israel and the Church". In *Issues in Dispensationalism*, pp. 113-130. Edited by Wesley R. Willis and John R. Master. Chicago: Moody Press, 1994.

Gaebelein, Arno C. *The Annotated Bible*. 4 vols. Reprint ed. Chicago: Moody Press, and New York: Loizeaux Brothers, Inc., 1970.

Geisler, Normal L. "Beware of Philosophy: A Warning to Biblical Scholars". *Journal of the Evangelical Theological Society* 42:1 (March 1999):3-19.

_____. "Colossians". In *Bible Knowledge Commentary: New Testament*, pp. 667-686. Edited by John F. Walvoord and Roy B. Zuck. Wheaton: Scripture Press Publications, Victor Books, 1983.

A Greek-English Lexicon of the New Testament. By C. G. Wilke. Revised by C. L. Wilibald Grimm. Translated, revised and enlarged by Joseph Henry Thayer, 1889.

Gromacki, Robert G. *Stand Perfect in Wisdom*. Grand Rapids: Baker Book House, 1984.

Guthrie, Donald. *New Testament Introduction*. 3 vols. 2nd ed. London: Tyndale Press, 1966.

Haik, Paul S. *Complete in Christ*. Moody Manna series. Chicago: Moody Bible Institute, 1965.

Helyer, Larry L. "Arius Revisited: The Firstborn Over All Creation (Col 1:15)". *Journal of the Evangelical Theological Society* 31:1 (March 1988):59-67.

_____. "Colossians 1:15-20: Pre-Pauline or Pauline?" *Journal of the Evangelical Theological Society* 26:2 (June 1983):167-179.
_____. "Cosmic Christology and Col 1:15-20". *Journal of the Evangelical Theological Society* 37:2 (June 1994):235-246.

_____. "Recent Research on Col 1:15-20 (1980-1990)". *Grace Theological Journal* 12:1 (1992):51-67.

Hendricksen, William. *New Testament Commentary: Exposition of Philippians and Exposition of Colossians and Philemon*. Reprint ed. Grand Rapids: Baker Book House, 1979.

Herzog, William R., II. "The 'Household Duty' Passages: Apostolic Traditions and Contemporary Concerns". *Foundations* 24:3 (Julio-septiembre, 1981):204-215.

Hiebert, D. Edmond. "Epiphras, Man of Prayer". *Bibliotheca Sacra* 136:541 (enero-marzo, 1979):54-64.

_____. *Working With God: Scriptural Studies in Intercession.* New York: Carlton Press, 1987.

Hinson, E. Glenn. "The Christian Household in Colossians 3:18—4:1". *Review and Expositor* 70:4 (Fall 1973):495-506.

House, H. Wayne. "The Christian Life according to Colossians". *Bibliotheca Sacra* 151:604 (octubre-diciembre, 1994):440-454.

_____. "The Doctrine of Christ in Colossians". *Bibliotheca Sacra* 149:594 (abril-junio, 1992):180-192.

_____. "The Doctrine of Salvation in Colossians". *Biblitheca Sacra* 151:603 (Julio-septiembre,1994):325-238.

_____. "Heresies in the Colossian Church". *Bibliotheca Sacra* 149:593 (enero-marzo, 1992):45-59.

International Standard Bible Encyclopedia. Edited by James Orr. 1957 ed. S. v. "Colossians, Epistle to the," by Alfred Ely Day.

Ironside, Harry A. *Lectures on the Epistle to the Colossians.* Reprint ed. New York: Loizeaux Brothers, 1945.

Johnson, S. Lewis, Jr. "Studies in the Epistle to the Colossians". *Bibliotheca Sacra* 118:470 (julio-septiembre, 1961):239-250; 472 (octubre-diciembre, 1961):334-346; 119:473 (enero-marzo, 1962):12-19; 474 (abril-junio, 1962);139-149; 475 (julio-septiembre, 1962):227-237; 476 (octubre-diciembre, 1962):302-211; 120:477 (enero-marzo, 1963):13-23; 478 (abril-junio, 1963):109-16; 479

(julio-septiembre, 1963):205-213; 121:481 (enero-marzo, 1964):22-33; 482 (abril-junio, 1964) 107-16; 484 (octubre-diciembre, 1964):311-320.

Kent, Homer A., Jr. *Treasures of Wisdom*. Grand Rapids: Baker Book House, 1978.

Kuist, Howard Tillman. "Zest for Prayer". *Theology Today* 11 (1954):48-52.

Lamp, Jeffrey S. "Wisdom in Col. 1:15-20: Contribution and Significance". *Journal of the Evangelical Theological Society* 41:1 (marzo, 1998):45-53.

Lange, John Peter, ed. *Commentary on the Holy Scriptures*. 12 vols. Reprint ed. Grand Rapids: Zondervan Publishing House, 1960. Vol. 11: *Galatians--Hebrews*, by Otto Schmoller, Karl Braune, C. A. Auberlen, C. J. Riggenbach, J. J. Van Oosterzee, and Carl Bernhard Moll. Translated by C. C. Starbuck, M. B. Riddle, Horatio B. Hackett, John Lillie, E. A. Washburn, E. Harwood, George E. Day, and A. C. Kendrick.

Lees, Harrington C. *St. Paul's Friends*. London: Religious Tract Society, 1918.

Lenski, Richard C. H. *The Interpretation of St. Paul's Epistles to the Colossians, to the Thessalonians, to Timothy, to Titus and to Philemon*. Reprint ed. Minneapolis: Augsburg Publishing House, 1964.

Lightfoot, J. B. *Saint Paul's Epistles to the Colossians and to Philemon*. Reprint ed. London: Macmillan and Co., 1892.

Lincoln, William. *Lectures on the Epistles to the Colossians*. Kilmarnock, Scotland: John Ritchie, n. d.

Maclaren, Alexander. "The Epistles of St. Paul to the Colossians and Philemon". In *Expositor's Bible*. 11th edition. Edited by W. Robertson Nicoll. London: Hodder and Stoughton, 1903.

Martin, Ralph P. *Colossians and Philemon*. New Century Bible Commentary series. London: Marshall, Morgan, and Scott, 1973.

Matzat, Don. *Christ-Esteem*. Eugene: Harvest House Publishers, 1990.

McLean, John A. "Did Jesus Correct the Disciples' View of the Kingdom?" *Bibliotheca Sacra* 151:602 (abril-junio, 1994):215-227.

McNeile, A. H. *An Introduction to the Study of the New Testament*. 2nd ed. revised by C. S. C. Williams. Oxford: Clarendon Press, 1965.

Morgan, G. Campbell. *Living Messages of the Books of the Bible*. 2 vols. New York: Fleming H. Revell Co., 1912.

Mosher, David L. "St. Paul and Philosophy". *Crux* 8:1 (November 1970):3-9.

Moule, C. F. D. *The Epistles of Paul the Apostle to the Colossians and to Philemon*. Cambridge Greek Testament Commentary series. Reprint ed. Cambridge: University Press, 1962.

_____. *An Idiom-Book of New Testament Greek*. 2nd ed. Cambridge: University Press, 1963.

Moule, Handley C. G. *Colossian Studies*. New York: Hodder and Stoughton, 1898.

Mullins, T. Y. "The Thanksgivings of Philemon and Colossians". *New Testament Studies* 30 (1984):288-293.

Nielsen, Charles M. "The Status of Paul and His Letters in Colossians". *Perspectives in Religious Studies* 12:2 (verano de 1985):103-122.

O'Brien, P. T. "Col. 1:20 and the Reconciliation of all Things". *Reformed Theological Review* 33:2 (mayo-agosto, 1974):45-53.

_____. *Colossians, Philemon*. Word Biblical Commentary series. Waco: Word Books, 1982.

_____. *Introductory Thanksgivings in the Letters of Paul*. Novum Testamentum Supplement 49. Leiden: Brill, 1977.

O'Neill, J. C. "The Source of the Christology in Colossians". *New Testament Studies* 26:1 (octubre, 1979):87-100.

The Oxford Classical Dictionary. Edited by N. G. L. Hammond and H. H. Scullard. Oxford: Clarendon Press, 1970.

Pollard, T. E. "Colossians 1.12-20: a Reconsideration", *New Testament Studies* 27:4 (julio, 1981):572-575.

Robertson, Archibald Thomas. *Word Pictures in the New Testament*. 6 vols. Nashville: Broadman Press, 1931.

Robinson, J. Armitage. *St. Paul's Epistle to the Ephesians*. London: Macmillan and Co., 1903.

Rogers, Cleon L., Jr. "The Davidic Covenant in Acts-Revelation". *Bibliotheca Sacra* 151:601 (enero-marzo):71-84.

Ryrie, Charles Caldwell. *The Basis of the Premillennial Faith*. Neptune, N.J.: Loizeaux Brothers, 1953.

Ryrie, Charles C. *Dispensationalism Today*. Chicago: Moody Press, 1965.

_____. *Dispensationalism*. Chicago: Moody Press, 1995.

Saucy, Robert L. *The Case for Progressive Dispensationalism.* Grand Rapids: Zondervan Publishing House, 1993.

_____. "The Presence of the Kingdom and the Life of the Church". *Bibliotheca Sacra* 145:577 (enero-marzo, 1988):30-46.

Schrage, W. *The Ethics of the New Testament.* Philadelphia: Fortress Press, and Edinburgh: T. & T. Clark, 1988.

Scott, E. F. *The Epistles of Paul to the Colossians, to Philemon and to the Ephesians.* New Testament Commentary series. Edited by James Moffatt. London: Hodder and Stoughton, 1930.

Stewart, James S. *A Man in Christ.* 1935. London: Hodder and Stoughton, 1964.

Theological Dictionary of the New Testament. Edited by Gerhard Kittel. S.v. "The Greek Use of *eikon*", by Hermann Kleinknecht.

Thomas, W. H. Griffith. *Christ Pre-Eminent.* Chicago: Moody Press, 1923.

Von den Doel, Anthonie. "Submission in the New Testament". *Brethren Life and Thought* 31:2 (Primavera de 1986):121-25.

Thiessen, Henry Clarence. *Introduction to the New Testament.* Grand Rapids: Wm. B. Eerdmans Publishing Co., 1962.

Vaughan, Curtis. "Colossians". In *Ephesians—Philemon.* Vol. 11 of *Expositor's Bible Commentary.* 12 vols. Edited by Frank E. Gaebelein and J. D. Douglas. Grand Rapids: Zondervan Publishing House, 1978.

Walvoord, John F. "Biblical Kingdoms Compared and Contrasted". In *Issues in Dispensationalism*, pp. 75-91.

Edited by Wesley R. Willis and John R. Master. Chicago: Moody Press, 1994.

_____. *Jesus Christ Our Lord*. Chicago: Moody Press, 1969.

Wiersbe, Warren W. *The Bible Exposition Commentary*. 2 vols. Wheaton: Scripture Press, Victor Books, 1989.

Wilkin, Bob. "Is Continuing in the Faith a Condition of Eternal Life?" *Grace Evangelical Society News* 6:3 (marzo, 1991):2.

Witmer, John A. "The Man with Two Countries". *Bibliotheca Sacra* 133:532 (October-December 1976):338-349.

Yates, Roy. "Colossians and Gnosis". *Journal for the Study of the New Testament* 27 (junio, 1986):49-68.

Sobre el Autor

Dr. Thomas Constable enseñó en el Seminario Teológico de Dallas por cuarenta y cinco años, sirviendo primariamente en el departamento de Exposición Bíblica. Él se jubiló en el 2011 y ahora es Profesor Mayoritario Emérito de Exposición Bíblica.

Dr. Constable fundó Plano Bible Chapel (Plano, Texas) en 1968, y lo pastoreó por doce años. Él continúa sirviendo en PBC como un presbítero.

Dr. Constable continúa su estudio de la palabra de Dios al agregar a sus extensivas notas comentarías, Notas al Pie de Fe, cada año.

Dr. Constable generosamente hace sus notas disponibles gratis para descarga en su sitio de web: (http://www.soniclight.com/constable/notes.htm).

(Title Page Format) – [blank line]
05_FaithFootnotes_TitlePg1
[blank line]

Printed in Great Britain
by Amazon

16001974R00066